KONINGIN FABIOLA

EEN MEISJE VAN 80

KONINGIN FABIOLA

EEN MEISJE VAN 80

BRIGITTE BALFOORT
JORIS DE VOOGT

UITGEVERIJ VAN HALEWYCK

Eerste druk: mei 2008
Tweede druk: juni 2008
Derde druk: juni 2008

De uitgever heeft de rechten voor de illustraties naar best vermogen geregeld.
Andere rechthebbenden kunnen zich wenden op het adres van de uitgeverij.

Cover: Julie Van Severen
Foto's: © Photonews, tenzij anders vermeld
Druk: Peeters, Herent

NUR 698
ISBN 978 90 5617 873 4
D/2008/7104/32

INHOUD

FABIOLA, EEN NATIONAAL MONUMENT

In Heist-op-den-Berg bestaat al jaren Dancing Fabiola. Daar komt oud en jong een dansje plegen, vooral op zondag. Toen de eigenaar vorig jaar zijn dancing wilde verkopen aan Chinezen om het te verbouwen tot een wokrestaurant, kreeg hij honderden boze reacties. Sindsdien wordt in Dancing Fabiola weer gedanst als nooit tevoren. Als je aan de Belgen zou vragen wie het bekendste monument van het land is, Manneke Pis of Fabiola, dan is de kans groot dat de koningin-weduwe het zal halen. Alleen al haar kapsel is nationaal erfgoed.

In het collectieve geheugen van de Belgen is ze er altijd geweest. De ouderen onder ons herinneren zich nog haar intrede in België, bijna vijftig jaar geleden. Voor het eerst straalde de trieste koning Boudewijn. Wie na 1960 werd geboren, herinnert zich haar feeërieke portret achter in de klas, waarop ze met minzame blik schitterde in haar bruidsjapon. Duizenden Belgen hebben als kind bij haar op schoot gezeten. Het is geen loze uitspraak dat alle Belgische kinderen de kinderen van het koningspaar waren omdat ze er zelf geen konden krijgen. Daarom ook heet een hoofdstuk van dit boek 'Moeder van alle Belgen'.

Misschien heeft ze de bijnaam van 'Spaanse heks', zoals prins Laurent haar noemde, evengoed verdiend. Ze gedroeg zich niet altijd netjes tegenover sommige leden van haar aangetrouwde familie. Ook mensen uit haar entourage die buiten de lijntjes kleurden, kunnen daarover meespreken. Maar haar invloed in staatszaken mag niet worden overschat. Ondanks de geruchten die daarover de ronde doen, durven wij na tientallen interviews stellen dat dit clichébeeld niet klopt. Zij was wel de sterke vrouw naast het staatshoofd. Misschien meer dan we ooit zullen beseffen was zij zijn steun en toeverlaat. Alleen bij haar durfde Boudewijn zichzelf te zijn.

De laatste jaren hebben we Fabiola anders leren kennen. Als een aanstekelijk vrolijke persoonlijkheid. Tijdens onze gesprekken met ingewijden kregen we te horen dat ze achter gesloten deuren altijd al zo geweest is. Nu begrijpen we nog meer waarom Boudewijn altijd zo verliefd op haar bleef.

Zelf wil ze geen groot feest voor haar tachtigste verjaardag. Haar tijd is voorbij, vindt ze. Van De Post krijgt ze drie postzegels. Wij vonden haar verjaardag een mooie gelegenheid om de mens achter de postzegel te schetsen. Geen zeemzoet portret, maar evenmin bijtende kritiek. Dat heeft ze immers niet verdiend. Want wat je ook over haar mag denken, ze heeft zich met haar spreekwoordelijke energie ingezet voor ons land.

Dit boek portretteert het nationaal monument koningin Fabiola. Zo maken ze er geen meer.

Brigitte Balfoort en Joris De Voogt

I.

Rijk en op de dool

DIE LENTEDAG IN MADRID | Maandag 11 juni 1928. In het familiepaleis aan de Calle Zurbano schenkt vrouw des huizes doña Blanca het leven aan een meisje. Op het moment van de geboorte ontploft een petroleumvuurtje in het kwartier van de huisbedienden. Dat ontlokt een personeelslid de profetische opmerking: 'Er zal later nog vuurwerk worden ontstoken voor dat kind.'

De nieuwgeborene heeft bolle wangen en weegt 4,1 kilogram. Ze krijgt de naam Fabiola, als herinnering aan de huwelijksreis die haar ouders doña Blanca en don Gonzalo maakten in Italië. Zij waren in de ban van het verhaal over de Romeinse patriciërsdochter Fabiola, die afstand deed van haar wereldse bezit om christen te worden en daarna stierf als martelares.

Naar aristocratische traditie krijgt de kleine Fabiola nog een reeks andere voornamen: Fernanda, Maria de las Victorias, Antonia, Adelaida. Ze wordt gedoopt in de Iglesia de Santa Bárbara, een kerk die ze later regelmatig blijft bezoeken. Haar doopmeter is de Spaanse koningin Victoria-Eugenia, kleindochter van de Britse koningin Victoria.

Spanje is in 1928 een straatarm land, maar de schattige Fabiola heeft het getroffen. Ze komt ter wereld in de betere kringen. Vader don Gonzalo

In het ouderlijk huis is nu een Spaans ministerie gevestigd. In Fabiola's eerste slaapkamer prijken nog haar kindertekeningen op de muur.

en moeder doña Blanca zijn van adel. Ze wonen in een residentiële wijk in het noordoosten van Madrid. Hun minipaleis ziet er niet spectaculair uit. Vanaf de straat is alleen een streng neoklassiek gebouw met drie verdiepingen te zien. Een even strenge smeedijzeren poort sluit het huis af van de buitenwereld. Op Fabiola's geboortedag laat niets nog vermoeden dat ze haar kinderjaren zwervend en dolend zal doorbrengen.

VAN GOEDE KOMAF | Fabiola's moeder heet voluit doña Blanca de Aragon y Carillo de Albornoz Barroeta-Aldamar y Elio. Ze is van hoge én oude adel. Dat laatste is erg belangrijk in aristocratische kringen. Onstuimige Spaanse historici laten haar zelfs in rechte lijn afstammen van de zestiende-eeuwse conquistador Hernán Cortés (Hernando Cortez) en diens Azteekse concubine Marina. In die tijd vinden historici dat een hele eer. Neil Young had *Cortez the Killer*, zijn song over de wrede veroveraar van Mexico, nog niet geschreven. Objectieve bronnen tonen aan dat de stamboom van doña Blanca diepe wortels heeft in de Spaanse geschiedenis, tot in de koningshuizen van onder meer Aragon. Het stamhoofd van de familie mag sinds veel generaties de titels van graaf, markies en burggraaf voeren.

De vader van Fabiola is don Gonzalo Mora Fernández Riera del Olmo. Hij draagt de prestigieuze titels van graaf en markies, maar hij is niet van oude adel. Don Gonzalo wordt pas markies van Casa Riera en graaf van Mora na het kinderloze overlijden van respectievelijk zijn grootoom, oom en broer. De familie van don Gonzalo stamt uit Catalonië, meer bepaald San Vicente de Llavaneras. Gonzalo's grootvader komt in 1815 terecht in de hoge adel nadat hij met de zus van een markies trouwt. De markies overlijdt kinderloos en zo erft de oudste zoon van zijn zus en schoonbroer de titel. De oudste zoon overlijdt op zijn beurt zonder nakomelingen. Zijn jongere broer, Gonzalo's vader, erft de titel van markies en ook die van graaf, dankzij een eerdere tussenkomst van paus Leo XIII. De titels gaan daarna naar Gonzalo's oudere broer. Ook die broer overlijdt kinderloos, zodat finaal Fabiola's vader don Gonzalo markies van Casa Riera en graaf van Mora wordt.

KIND VAN HAAR OUDERS | Vader don Gonzalo laat zich af en toe op een glimlach betrappen, maar is vooral zwijgzaam en streng. Zijn interesse gaat uit naar politiek en scheepvaart, niet echt frivole passies. Moeder doña Blanca daarentegen is een energieke en levenslustige vrouw. Zij is dominant en eist van het personeel permanente beschikbaarheid. De circa twin-

11

Een driejarige Fabiola. Mollig en met een prille voorloper van het Fabiolakapsel. (foto Van Parys Media)

tig personeelsleden zijn allemaal ongehuwd. Zij moeten de kinderen met 'u' aanspreken.

Van haar vader krijgt Fabiola de ernst mee, van haar moeder het temperament. Door de samentrekking van de namen van vader Mora en moeder Aragon – een verrassend vrouwvriendelijk trekje in het toenmalige conservatieve Spanje – heet Fabiola bij haar geboorte Mora y Aragon.

EEN BEETJE STEENRIJK | Is de familie van Fabiola een beetje rijk of héél rijk? De bronnen en getuigen spreken elkaar tegen. In oude Spaanse krantenartikels staat te lezen dat vader Gonzalo een grootgrondbezitter is. Zijn grootvader is schatrijk geworden nadat hij in 1833 van de Spaanse koning een concessie krijgt om steenkool te ontginnen in Asturia. Hij start de exploitatie met een Spaanse en een Belgische financier. Zij nemen de Luikse mijningenieur Jean Nagelmackers in dienst. Hun onderneming is bijzonder succesvol. Als wederdienst schenkt de familie Mora later een indrukwekkende som geld aan de Spaanse koning.

Maar familiefortuinen kunnen versnipperd geraken. Er zijn bronnen die Fabiola's familie eerder bestempelen als een welstellende bourgeoisfamilie. Een getuige: 'Hun residentie telde bijna vijftig vertrekken, maar een paleis kan je het niet noemen. En ja, ze hadden een legertje huisbedienden, maar in die tijd kostte dat weinig. Veel meer dan kost en inwoon kreeg het personeel niet. Goed eten, een comfortabele kamer en het prestige om te werken voor een adellijke familie, dat was toen een luxe.' Een andere getuige: 'In de jaren veertig ging Fabiola met de bus naar school. In een écht rijke familie zou dat nooit het geval zijn.'

Het is toch een feit dat het gezin Mora y Aragon niet onbemiddeld is. Later zullen ze jaren van dure ballingschap in Frankrijk en Zwitserland overleven. Fabiola's broer Jaime leidt tientallen jaren een mondain leventje zonder één dag te werken. Om nog iets te noemen: Fabiola's grootooms Pepito en Ferdi sterven als vrijgezel en laten een paleis na, inclusief een schat aan historische boeken, gravures en tweeduizend schilderijen van onder meer Rubens, Velázquez en Goya. Zo'n collectie is best iets waard.

Fabiola's broers en zussen zorgen uiteindelijk voor 37 nichtjes en neefjes. Alleen Fabiola zelf en haar broer Jaime breken met de familietraditie van kinderrijkdom.

KROOSTRIJK GEZIN | Fabiola is de op één na jongste van zeven kinderen. Haar oudste broer heet, zoals zijn vader, Gonzalo. In zijn kinderjaren wordt hij Gonzalito genoemd. Na hem worden twee zussen geboren: Neva en Ana-Maria, die in het gezin Annie wordt genoemd. Daarna volgen twee broers: Alejandro en Jaime. De laatste krijgt de bijnaam 'Jimmy'. Hij is de latere rebel en playboy die zijn zus Fabiola radeloos zal maken. Fabiola is de zesde in de rij. Haar koosnaampje is 'Bola' (bolletje), omdat ze graag snoept en een beetje mollig is. Na haar volgt nog Maria de la Luz of kortweg Maria-Luz. Zij is de favoriete zus van Fabiola. Maria-Luz is anderhalf jaar jonger, maar zij en Fabiola noemen elkaar 'tweelingzus'.

Later krijgen Fabiola's broers en zussen op hun beurt veel kinderen. Op het moment dat Fabiola trouwt met Boudewijn, heeft ze al 31 neefjes en nichtjes. Daarna komen er nog zes bij.

OORLOG TUSSEN DE BURGERS | Bij Fabiola's geboorte in 1928 is Spanje nog een monarchie. Haar ouders zijn persoonlijk bevriend met koning Alfonso XIII. Hij komt geregeld bridgen. Alfonso is een monarch van de oude stempel, maar hij is al vijf jaar een koning zonder macht. In de straten zijn steeds meer betogingen met rode vlaggen te zien.

In het voorjaar van 1931 winnen de republikeinen een referendum: de meerderheid van het volk kiest tegen de monarchie. Er komt een linkse republiek. Koning Alfonso vertrekt in ballingschap naar Parijs. Het gezin Mora y Aragon vlucht naar de Frans-Baskische kuststad Biarritz. Ze willen dicht bij Spanje blijven en snel kunnen terugkeren als de tijden beter worden. Maar de tijden worden niet beter. Er gaan geruchten dat de communisten en anarchisten de adel hebben afgeschaft en hun bezittingen confisqueren.

Het gezin Mora y Aragon trekt naar Parijs om koning Alfonso te consulteren. Die heeft in Parijs een hofhouding uitgebouwd en verleent tal van audiënties. Iedereen vraagt hem om raad, maar hij heeft geen antwoord op hun vragen. Fabiola's ouders keren naar Biarritz terug. Ze pendelen nog geregeld naar Parijs om met de koning te gaan jagen in Rambouillet.

In Spanje keert het tij. De linkse republiek verzwakt door nationalistische opstanden en de agitatie van de Falanx, een fascistische beweging naar het voorbeeld van Mussolini. Rechts wint eind 1933 de parlementsverkiezingen. De jonge generaal Francisco Franco slaat de straatopstanden neer. De rust lijkt hersteld. Vader Gonzalo keert met zijn gezin terug naar Madrid.

In 1936 slaat de vlam weer in de pan. De burgeroorlog barst nu echt los. Het is een wrede en bloedige oorlog, vereeuwigd in het schilderij *Guernica* van Picasso. Links wordt gesteund door Stalin en de internationale vrijwilligersbrigades. Maar de burgeroorlog wordt in 1939 gewonnen door de rechtse generaal Franco met hulp van Mussolini en Hitler. Ondank is 's werelds loon: hoezeer Hitler daarna ook aandringt, Franco weigert deel te nemen aan de Tweede Wereldoorlog.

MONARCHIST OF FRANQUIST? | Er is al vaak over gespeculeerd of Fabiola's familie Francogezind was. Het antwoord is genuanceerd. Vader

Gonzalo behoort – zacht uitgedrukt – niet tot het linkse kamp. Maar dat maakt hem nog geen aanhanger van Franco. Hij is in de eerste plaats een royalist in hart en nieren. Hij heeft het familiefortuin te danken aan de mijnconcessie die door de toenmalige koning is verleend. Bovendien is hij persoonlijk bevriend met koning Alfonso.

De rechtse dictator Franco is wel geen koning, maar hij ziet er tenminste zo uit. Voor monarchisten als de Mora's is hij de minst slechte optie. (foto Wikipedia)

Na de val van de monarchie in Spanje is Franco voor Fabiola's vader de minst slechte optie. Franco is wel geen koning, maar hij is tenminste rechts en katholiek. Wie niet links is, komt in de armen van Franco terecht. Minister van staat Wilfried Martens: 'Nadat ik CVP-voorzitter werd, heb ik veel Spaanse christendemocraten leren kennen. Dat waren echte democraten, maar velen van hen hebben gediend onder het Francoregime. Zoals Fraga Irribarne en de vader van de latere premier Aznar. Zelfs Adolfo Suárez González, die in 1976 door koning Juan Carlos werd aangesteld tot eerste minister om de architect van de democratie te worden.' Minister van staat Herman De Croo bevestigt: 'In die tijd waren de meeste royalisten franquisten. Daar werden weinig vragen bij gesteld. Ook in België. Veel Belgen waren via Spanje aan de Tweede Wereldoorlog ontsnapt. Later werden nog minder vragen gesteld, toen het toerisme naar Spanje op gang kwam.'

Het is duidelijk dat Fabiola opgroeit in een fervent monarchistisch milieu, ook al is Alfonso XIII een machteloze koning die in 1941 roemloos overlijdt. Maar in de familie Mora y Aragon blijft het geloof in de monarchie onwankelbaar. Ook de contacten worden warmgehouden, onder meer met de Italiaanse ex-koning Umberto, die gehuwd is met de Belgische prinses Marie-José, de tante van Boudewijn.

Koning Alfonso XIII verdwijnt al voor de burgeroorlog in de coulissen. Hij sterft roemloos en laat geen geschikte troonopvolgers na.

BOOTVLUCHTELINGE | Bij het uitbreken van de burgeroorlog in 1936 zijn don Gonzalo en doña Blanca in Parijs met twee van hun kinderen, Jaime en Maria-Luz. Fabiola en de andere kinderen zijn met vakantie in het Spaanse Zarauz, vlakbij San Sebastian. Hun Duitse gouvernante, Josephine Tragesser Kempf, vindt het er niet meer veilig. Na telefonisch overleg met de ouders besluit ze met de kinderen naar Frankrijk te vluchten. De oudste zoon Gonzalo, op zijn achttiende nog altijd Gonzalito genoemd, wil niet mee. Hij heeft net aan een Brussels jezuïetencollege zijn diploma gehaald en wil toetreden tot de nationalistische troepen die vechten voor het herstel van de monarchie. Juffrouw Josephine smeekt hem dat niet doen en zegt dat zijn ouders het nooit zullen goedkeuren. Maar Gonzalito blijft bij zijn plan.

De jonge gouvernante slaat op de vlucht met vier kinderen: Neva, Annie, Alejandro en Fabiola. De treinen zitten zo overvol dat de assen van de wagons breken. Na veel gedoe kan Josephine vijf tickets voor een Brits passagiersschip bemachtigen. De voorwaarde is dat ze moeten doorgaan voor Britse staatsburgers. Gelukkig spreken de gouvernante en de kinderen vlot Engels. Het loopt toch fout. Een secretaresse van het Britse consulaat herkent de kinderen. Ze worden van het schip gezet.

Josephine brengt de kinderen onder in een hotelkamer en gaat weer op zoek. Na enkele dagen hoort ze dat een Duits vrachtschip toestemming heeft om de haven te verlaten. Deze keer moeten de kinderen doorgaan voor Duitse onderdanen. Ook dat lukt, want van Josephine en hun Oostenrijkse *mayordomo* Heinrich Griesbach hebben de kinderen vloeiend Duits leren spreken. Zo wordt Fabiola op haar achtste een bootvluchtelinge.

Het gezelschap komt veilig aan in het Franse Biarritz, waar de ouders intussen vastzitten omdat de grens met Spanje is gesloten. Gouvernante Josephine wordt uitgeroepen tot heldin. Het herenigde gezin bidt een rozenhoedje om God te bedanken en Gonzalito toe te vertrouwen aan de Heilige Maagd.

NAAR PARIJS EN LAUSANNE | De volgende dagen stoeit Fabiola op het strand met haar jongere zus Maria-Luz. Haar dertienjarige broer Alejandro speelt niet mee. Hij praat liever met de volwassenen en geeft voortdurend af op de 'roden'. In Biarritz wachten op betere tijden, dat is uitzichtloos. Don Gonzalo trekt daarom met zijn gezin naar Parijs, waar hij aan de Rue d'Artois 29 een ruim appartement bezit. Doña Blanca is er in haar nopjes. Ze is wel streng katholiek, maar ook een elegante dame. Zij geniet van het mondaine leven in de lichtstad en gaat naar modeshows en theaterpremières.

Maar de Spaanse burgeroorlog sijpelt door naar het republikeins gezinde Frankrijk. In Parijs zijn er betogingen en straatincidenten. Aristocraten met een Spaans accent krijgen te maken met verbale en fysieke agressie. Don Gonzalo voelt zich niet meer veilig. Het gezin verhuist naar Lausanne

Fabiola (tweede van rechts) tijdens de voorbereidingen voor haar eerste communie.
(foto *Ons Zondagsblad*)

in het neutrale Zwitserland. Ze gaan er wonen in Hotel Royal. Noblesse oblige. De kinderen hebben per twee een kamer en een eigen gouvernante. Fabiola deelt de kamer met haar favoriete zus Maria-Luz. Hun gouvernante is de heldin Josephine.

CHICA LOCA | Fabiola is acht en heeft nog maar weinig school gelopen. Doña Blanca onderwijst zelf paardrijden, aquarelleren en godsdienst, maar dat is niet voldoende. Fabiola en Maria-Luz worden ingeschreven in de deftige school van Les Soeurs de L'Assomption. Het is een kil gebouw waar een gewijde sfeer hangt. Doña Blanca vraagt moeder-overste om speciaal te letten op Fabiola, die spontaan en goedlachs is, maar ook zo dromerig en romantisch.

Fabiola gaat er drie jaar naar school. Ze leert Frans. Haar Spaanse accent raakt ze niet kwijt, tot groot jolijt van haar medeleerlingen. Fabiola tekent vaardig en fantasierijk. Ze komt op voor eerlijkheid en rechtvaardigheid. Haar grootste genot is meezingen in het koor tijdens de mis, met de blik strak op de Madre de Dios gericht.

Haar klasgenoten zijn in de ban van Fabiola's spontaneïteit en vertelkunst. Ze beeldt met verve een Spaans stierengevecht uit, waarbij ze de rollen van zowel de stier als de torero vertolkt. Fabiola is een opgewekt en vrolijk kind. Ze houdt ervan mensen te entertainen. Een zot meisje.

BLIJDE THUISKOMST | In het voorjaar van 1939 is de Spaanse burgeroorlog voorbij. Franco, El Caudillo (de leider), heeft het land onder controle. Voor het gezin Mora y Aragon is dat het signaal om terug te keren naar huis.

Bij aankomst is de ontsteltenis groot. Het huis is een ruïne na de straatgevechten in Madrid. De communiste Dolores Ibárruri Gómez, bijgenaamd La Pasionaria, had van het familiepaleis het hoofdkwartier van de revolutionaire vrouwen gemaakt. Haar portret hangt er nog tussen rode vlaggen. Vader Gonzalo vindt dat niet amusant. Maar de familie blijft niet bij de pakken zitten. Er wordt onmiddellijk een gebed gezegd. De volgende ochtend wordt een dankmis opgedragen voor de blijde thuiskomst en het feit dat de oudste zoon Gonzalito, inmiddels onderofficier, de strijd heeft overleefd. De dagen erna worden familieleden en relaties uitgenodigd op recepties, diners en bals. Er is weer leven in de Calle Zurbano 7.

Tijdens een gekostumeerd kinderfeest waagt Fabiola haar eerste passen op de dansvloer, verkleed als keizerin Sissi. Haar koosnaampje in het gezin is dan al 'Queenie' (koninginnetje).

INTUSSEN IN BELGIË | De jeugd van Boudewijn vertoont opvallende gelijkenissen met die van zijn latere bruid Fabiola. Ook hij is in zijn jeugdjaren rijk en op de dool.

Prins Boudewijn wordt geboren in het kasteel Stuyvenberg op 7 september 1930, twee jaar na Fabiola. Net als zij is hij een boreling van 4,1 kilogram. Hij is de zoon van prins Leopold en de Zweedse prinses Astrid. Die hebben al een dochter, Joséphine-Charlotte. Na Boudewijn wordt broer Albert geboren. Moeder Astrid is lutheraanse, maar bekeert zich in het geboortejaar van Boudewijn tot het katholieke geloof.

Als Boudewijn drie jaar is, legt zijn vader de eed af als koning Leopold III. Een naam die voor hem zwaar te torsen is na de voorgangers Leopold I en Leopold II, die hij uitermate bewondert. Ook zijn vader Albert I, de held van de Eerste Wereldoorlog, is voor hem een rolmodel.

In augustus 1935 slaat het noodlot toe. In het Zwitserse Küssnacht gaat koning Leopold met zijn auto uit de bocht. Hijzelf is ongedeerd, maar koningin Astrid overleeft het ongeval niet. België rouwt, want de lieve en charmante Astrid is immens populair. Ze zei altijd: 'De koning spreekt tot het volk, de koningin luistert naar het volk.'

De kleuter Boudewijn moet nog vijf worden en heeft geen moeder meer. Aan zijn Nederlandse gouvernante Margriet de Jong vraagt hij herhaaldelijk of zijn moeder wel degelijk in de hemel is, en niet in de hel. Die begrippen kent hij blijkbaar al. Hij is een bang kind.

Koningin Astrid met Boudewijn en zijn zus Joséphine-Charlotte. Boudewijn is nog geen vijf als hij zijn moeder verliest.

KOMMER EN KWEL | Joséphine-Charlotte, Boudewijn en Albert brengen geen vrolijke jeugdjaren door. Hun vader Leopold houdt op zijn manier van zijn kinderen, maar ze missen de warmte die moeder Astrid hun ongetwijfeld had kunnen geven.

Op 10 mei 1940 valt nazi-Duitsland België binnen. Boudewijn en zijn zus en broer worden in veiligheid gebracht, achtereenvolgens in het Franse Saint-Céré en het Spaanse San Sebastian. Ze keren naar België terug op 2 augustus. Vader Leopold woont in het kasteel van Laken. Dochter Joséphine-Charlotte gaat op kostschool. De zoontjes Boudewijn en Albert worden geparkeerd in het buitenverblijf in Ciergnon. Ze krijgen er privélessen. Een echte school en het ware leven maken ze niet mee, zoals alle prinsen uit die tijd.

Koning Leopold III schippert. Hij heeft contacten met het naziregime en ontmoet zelfs Hitler. Veel politici en journalisten oordelen op dat moment dat hij niets fout doet, dat hij alleen zijn volk bloedvergieten wil besparen en het koninkrijk wil redden. Anderen zeggen dat de koning collaboreert – minstens passief – en dat hij er zélf autoritaire denkbeelden op nahoudt.

STIEFMOEDER VOOR BOUDEWIJN | In december 1941 laat koning Leopold zijn onderdanen versteld staan. Burgers, boeren en buitenlui vernemen vanaf de preekstoel van hun kerk, via een herderlijk schrijven van kardinaal Van Roey, dat de koning hertrouwd is. Dezelfde dag worden ook Boudewijn en zijn zus en broer op de hoogte gebracht van het huwelijk.

Leopolds tweede echtgenote is Mary-Lilian Baels, kortweg Lilian, dochter van de West-Vlaamse provinciegouverneur. Ze is niet van adel, maar wordt haastig gepromoveerd tot 'prinses van Retie', in het Frans *'princesse de Réthy'*. In de Kempense gemeente Retie bezit de koning een domein. De titel voor de nieuwe prinses is wat ongelukkig gekozen, want 'de Réthy' was ook de schuilnaam die Leopolds eerste vrouw, koningin Astrid, gebruikte als ze incognito reisde. Dat is voor velen een stap te ver.

Lilian is een onvervalste femme fatale: bloedmooi, hyperintelligent en uiterst ambitieus. Leopold en Lilian zijn al op 11 september 1941 kerkelijk getrouwd. Het burgerlijk huwelijk volgt pas op 6 december. Die volgorde is een manifeste overtreding van de grondwet en de wetten van het Belgische volk. Zeven maanden na het burgerlijk huwelijk krijgen Leopold en Lilian een zoon, prins Alexander.

Dat alles komt slecht aan bij het overgrote deel van de publieke opinie. De teneur is: terwijl het volk lijdt onder armoede en onderdrukking, leidt de koning in Laken een amoureus luxeleventje. Men ontdekt ook gaandeweg dat hij niet echt gevangen zit in Laken, maar een vrij grote bewegingsruimte heeft.

Na de geboorte van Alexander in 1942 mogen Boudewijn en Albert uit Ciergnon terugkeren naar huis, het kasteel van Laken. Hun zus Joséphine-Charlotte heeft het moeilijk om zich aan te passen aan het nieuwsamengestelde gezin, maar Boudewijn en Albert hechten zich aan hun stiefmoeder Lilian, die ze met '*maman*' aanspreken. Ze krijgen privéonderwijs en er wordt voor hen een scoutsgroep opgericht. De activiteiten van de padvinders hebben plaats in de vertrouwde domeinen van Laken en Ciergnon, waar Boudewijn alle paden weet te vinden. Rijkswachters houden discreet een oogje in het zeil. In 1943 verwerft Boudewijn de totem van Trouwe Eland.

KONING MALGRÉ LUI | In juni 1944 landen de geallieerden in Frankrijk. Koning Leopold en zijn gezin trekken naar achtereenvolgens Hirschstein in Duitsland en Strobl in Oostenrijk. Gedeporteerd en gegijzeld door de nazi's volgens de officiële versie. Dissidente opinies zeggen dat de deportatie Leopold goed uitkwam. Voor Boudewijn is het alweer een nare ervaring. 's Nachts moet hij urenlang onder een brug schuilen voor de bombardementen.

Na het einde van de Tweede Wereldoorlog in 1945 is er geen sprake van een terugkeer naar België, want Leopold wordt beschuldigd van collaboratie. In oktober vestigt het gezin zich in Villa Le Reposoir in het Zwitserse Pregny. Boudewijn en broer Albert gaan naar een college in het vlakbij gelegen Genève. Boudewijn maakt enkele reizen naar onder meer Cuba en de

VS. Hij heeft een hechte band met zijn vader en stiefmoeder.

België heeft intussen een voorlopig staatshoofd, de prins-regent Karel. Begin 1950 heeft een volksraadpleging plaats over de terugkeer van Leopold III. In Vlaanderen krijgt Leopold een meerderheid achter zich, in Brussel en Wallonië haalt hij niet de helft. Alles samen is er een duidelijke meerderheid voor de koning. Leopold hoopt zijn koningschap weer te kunnen opnemen, *business as usual*. Maar het pakt anders uit. Al bij zijn aankomst in Brussel moet hij worden beschermd door een legertje rijkswachters. De druk van betogingen en straatgeweld wordt onhoudbaar. Er valt een eerste dode en het land staat op de rand van een burgeroorlog. Leopold kan niet anders dan afstand doen van de troon. Een bittere ervaring. De ironie wil dat hij zelf niet de grootste democraat is, maar nu moet opstappen na een democratisch referendum in zijn voordeel.

Zo wordt de twintigjarige Boudewijn koning tegen wil en dank. Hij is jong, slecht opgeleid, onervaren en al tien jaar op de dool. Hij vindt het onrechtvaardig dat vader Leopold, zijn grote idool, aan de kant is gezet. Hij worstelt met een verpletterend schuldgevoel. Het levert hem later de omschrijving *'le roi triste'* op.

Boudewijn wordt koning en is daar niet op voorbereid. Het kostuum van staatshoofd is een maatje te groot voor de onzekere jongeman van twintig. Een parlementslid roept: *'Vive la république.'*

II.

Vroom en vrolijk

DROOMDOCHTER | Terug naar Madrid, 1939. De Spaanse burgeroorlog is voorbij. Fabiola en haar familie hebben jarenlang gezworven en zijn nu terug thuis. Na de bezetting door La Pasionaria is het familiepaleis hersteld.

Fabiola is een dochter uit de duizend. Ze houdt van haar ouders en is vroom en vrolijk. In de school van de Zusters van het Heilig Hart leert ze alles wat meisjes uit de gegoede stand moeten kunnen: snit en naad, het

Op haar achttiende mag Fabiola debuteren in een baljurk van huisontwerper Balenciaga. Om middernacht is ze weer thuis; ze is geen fuifbeest. (foto *Ons Zondagsblad*)

bestieren van een huishouden... Ze nadert stilaan de leeftijd waarop een meisje haar intrede doet in de wereld van de volwassenen. In Spanje heet dat '*vestirse de largo*', in het lang gekleed gaan.

Op haar achttiende mag ze debuteren op haar eerste bal. Ze maakt zich urenlang op. Hoewel blauw haar lievelingskleur is, trekt ze op advies van haar moeder een groene baljurk van couturier en vriend van de familie Cristóbal Balenciaga aan. Aan de arm van haar vader verschijnt Fabiola in het salon. Ze voert enkele danspassen uit en vraagt het verzamelde huispersoneel of ze er goed uitziet. Iedereen antwoordt bevestigend. Als Fabiola naar het bal vertrokken is, zegt gouvernante Milagros: '*Qué guapa estaba, nuestra señorita*', wat zag onze juffrouw er betoverend uit.

Maar Fabiola is een braaf meisje. Om middernacht is ze weer thuis. Ze is niet het type dat valt voor de eerste charmeur die haar pad kruist. Ook in latere jaren is ze geen fuifnummer. Als ze naar een bal of receptie gaat, is het om een vriendin te begeleiden. Het zijn voor haar gelegenheden om te praten over kunst en geloof.

VOLTIJDS VOOR HET GOEDE DOEL | Zoals de meeste ongetrouwde meisjes van haar stand wijdt de jonge Fabiola zich helemaal aan het goede doel. Gekleed in een schort schenkt ze soep uit in sociale centra. Ze bezoekt arme gezinnen, sleept levensmiddelen aan, wast de kinderen, verzorgt zieken, geeft stervensbegeleiding. Het is voor haar een voltijdse dagtaak met een grote arbeidsvoldoening. 's Avonds komt ze uitgeput thuis in het ouderlijk huis, dat steeds leger wordt naarmate haar broers en zussen trouwen.

Fabiola wordt gaandeweg een 'oude jonge dochter'. Maar oom Pepito zegt aan doña Blanca: 'Maak je geen zorgen over je Fabiola. Queenie weet wat ze wil. Eigenlijk heeft ze een koning nodig.' Voorwaar een sterke voorspelling. Deze anekdote is gepubliceerd in *La Libre Belgique* op 14 december 1960, de dag voor het huwelijk van Boudewijn en Fabiola.

Voor haar liefdadigheidswerk kan Fabiola beschikken over de chauffeur van het gezin. Hij zegt later in een krateninterview: 'Señorita Fabiola rijdt ook zelf, maar ik word dikwijls uitgestuurd om kleren en levensmiddelen te brengen naar de arme volkswijken. Ze is een lieve en fijngevoelige vrouw.'

Juwelen en opsmuk zijn aan Fabiola niet besteed. Zelfs een non van het bejaardentehuis in de Calle Almagro, waar ze vrijwilligster is, vraagt haar: 'Waarom besteedt u geen aandacht aan uw opmaak?' Fabiola antwoordt dat onnatuurlijke hulpmiddelen niets bijdragen tot de innerlijke persoonlijkheid van een mens.

DOL OP KINDEREN | Als het woord 'kindvriendelijk' niet had bestaan, dan zou Fabiola het hebben uitgevonden. Ziet ze in de straten van Madrid een moeder met een kindje voortsjokken, dan is ze niet te beroerd om met haar auto te stoppen en moeder en kind een lift te geven. Haar broers en zussen moeten nooit zoeken naar een babysit voor hun kroost: Fabiola is paraat. Haar neefjes en nichtjes noemen haar 'Tia Fàbula', sprookjestante, omdat ze hun altijd verhaaltjes vertelt. Dat verklaart ook waarom ze later *De twaalf wonderlijke sprookjes* schrijft. Ze doet het niet om schrijfster te worden, wel om haar eigen verhaaltjes te kunnen doorgeven aan de neefjes en nichtjes. Later, na haar verloving met koning Boudewijn, zegt een van haar zussen in een interview: 'De grote droom van Fabiola is veel kinderen te hebben.'

VADER GAAT HEEN | Eind november 1957 treft Fabiola en haar familie een immens verdriet. Vader Gonzalo gaat, ceremonieel gekleed als ridder van de Orde van het Heilig Graf, een mis bijwonen ter herdenking van de overleden ridders. In de slecht verlichte kerk San Jeronimo el Real mist hij een trede en komt ongelukkig ten val. Hij overlijdt enkele dagen later.

Zijn weduwe en kinderen zijn ontroostbaar. Gonzalo's biechtvader, de jezuïetenpater Cavestany getuigt later: 'Don Gonzalo was een heilige man. Nooit een woord hoger of lager. Van hem heeft Fabiola haar zachtheid en evenwicht geërfd.'

Een maand na het overlijden van Don Gonzalo is het Kerstmis. Het is een traditie dat Fabiola de feestelijkheden organiseert. Maar nu is het huis

in rouw. Een gezellig kerstfeest zit er niet in voor de ongehuwde personeelsleden. Groot is hun verrassing als Fabiola op kerstavond de perso-
neelskeuken binnenvalt met een stapel cadeaus. Ze verlaat de keuken met
tranen in de ogen. Later zegt een personeelslid: '*La señorita es un ángel, lo
merece todo*,' de juffrouw is een engel, ze verdient alle geluk.

In de werkkamer van vader Gonzalo blijft alles nog jaren onaange-
roerd zoals op de dag van zijn overlijden. Onder meer het opengeslagen
boek dat hij aan het lezen was: een studie over de toekomst van het katho-
licisme in Polen. Tussen twee kandelaars staat het portret van Gonzalo's
vader, met eronder een paternoster. Fabiola komt hier elke middag even
binnen om de rode rozen te verversen, de bloemen waarvan haar vader zo
hield. 's Avonds komt ze er een gebed zeggen.

VERPLEEGSTER IN HET WIT | De dood van haar vader grijpt Fabiola zo
aan dat ze besluit verpleegster te worden. Samen met een groep meisjes uit
de betere stand volgt ze een korte privéopleiding in het militair ziekenhuis Gómez Ulla van Carabanchel. Elke voormiddag krijgt ze les van de
dokters en van zuster Eulalia. Ze leert er injecties geven en de menselijke
anatomie ontleden. Het hoogtepunt is de les kinderverzorging, waarin de
cursisten mogen oefenen met de babypop Pepito.

Fabiola rondt de opleiding met succes af. Ze is dan al 29. Elke ochtend
staat ze vroeg op en knoopt een hoofddoek om. Zij neemt haar tot op de
draad versleten missaal en woont de mis bij in de kerk van Santa Bárbara.
Na de mis gaat ze bij moeder Blanca ontbijten. Ze probeert de krant te lezen terwijl haar moeder erdoorheen praat. Daarna gaat ze naar het militair
ziekenhuis, waar ze in witte verpleegstersschort assistentie verleent aan de
chirurgen. Ze doet ook dienst op de afdeling van de officieren. Een zieken-
zuster zegt: 'De zieken waren dol op haar. Haar gratie, vriendelijkheid en
goed humeur deden hun hun pijnen vergeten.'

Fabiola (midden) is 29 als ze een opleiding als verpleegster aanvat. Ze koopt ook een appartement. Van trouwen is dan nog geen sprake. (foto *Ons Zondagsblad*)

JAIME, DE 'KOSTELIJKE' REBEL | Het gedrag van broer Jaime, 'Jimmy', staat in schril contrast met dat van zijn voorbeeldige zus Fabiola. Als kind wil hij paus worden, maar zijn leven neemt een andere wending. Op zijn dertiende loopt hij thuis weg om bij een meisje van achttien te gaan wonen. Pas drie weken later wordt hij gevonden door de politie. Eenmaal volwassen leidt hij een losbandig leven. Hij begaat geen doodzonden maar des te meer dagelijkse zonden.

Jaime is een knappe man die gooit met geld. Een echte dandy en playboy. De champagne vloeit bij beken en de vrouwen vallen hem bij bosjes in de schoot. Werken is niet aan hem besteed, want uitgaan en vrouwen versieren is een voltijdse dagtaak. Of beter: een voltijdse nachttaak. Tegen het

Broer Jaime ziet eruit als een edelman,
maar zijn levenswandel is niet erg nobel.
Hij wordt de 'Dalí van het uitgaansleven'
genoemd. (foto Belga)

ochtendgloren sluipt hij het ouderlijk huis binnen om uit te slapen. Na
de middag krijgt hij van zus Fabiola
zijn ontbijt en dagelijkse zedenpreek.
Hij aanhoort het sermoen zonder tegen te pruttelen, hoewel hij ouder is
dan zijn zus. Doña Blanca keurt Jim-
my's levenswandel evenmin goed,
maar hij is zo charmant dat ze hem
laat begaan. Het is een van de redenen waarom Fabiola later, nadat ze
koningin is geworden, niet alleen met haar broer maar ook met haar moeder zal breken.

Fabiola bidt dagelijks voor de bekering van Jaime, maar het helpt niet.
Hij gaat in een luxueus appartement wonen met zijn bediende Pepe, die
ook zijn chauffeur en vriend is. Als een echte secretaris houdt Pepe de
amoureuze afspraken van zijn baas bij. Als Jaime op hotel gaat in zijn eigen
stad Madrid, wat frequent gebeurt, bestelt hij drie kamers: één voor zichzelf, één voor Pepe en één voor zijn Deense dog Douchka. Als een minnares hem verwijten maakt, wat eveneens frequent gebeurt, noemt hij haar
'dochter van zeventien varkens'. Waarna de minnares hem lachend weer
in de armen valt. Jaime is immers volledig uit charme opgetrokken.

Jaime heeft een patent op schandaaltjes en haalt zich daarmee meer dan
eens de woede van zijn familie op de hals. In 1953 trouwt hij met de Mexicaanse filmactrice Rositas Arenas. Het koppel huwt niet kerkelijk en leeft
dus in zonde. Vader don Gonzalo is dan nog in leven en wil zijn zoon niet
meer zien, en zijn zogezegde schoondochter nog minder. De romance met
de Mexicaanse schone is geen lang leven beschoren. Jaime ontpopt zich

vervolgens tot artiest. Hij componeert muziek en scoort met *Beyond the waves* een hitje in de VS. Enkele weken voor het huwelijk van zijn zus vertolkt hij op de piano van een bar zijn zelf gecomponeerde walsje *Fabiola*. Hij haalt er de Amerikaanse televisie mee. In 1965 wordt hij acteur. Hij staat in ondergoed op het toneel. In een film vertolkt hij een Belgische ambassadeur die graag in vrouwenkleren rondloopt. Het tijdschrift *De Post* interviewt in 1965 Jaime's butler. Die zegt: 'Mijn baas heeft een overvloed aan talent, maar nogal versnipperd.' Journaliste Oriana Fallaci omschrijft hem als een playboy met het hart van een donquichot.

ASCETISCHE LUXE | In de jaren tussen 1950 en 1960 wordt Fabiola's ouderlijk huis als vanouds afgeschermd door een zwart smeedijzeren hek. Daarachter ontvouwt zich een mooie tuin met platanen, acacia's, kastanjelaars en oleanders. Fonteintjes en marmeren beelden horen er ook bij, onder meer het beeld van de Griekse jachtgodin Diana. Daar zit Fabiola vaak te lezen en te schrijven, in de schaduw van een plataan. Hondengeblaf is de soundscape van Fabiola's leven. Moeder doña Blanca is voorzitster van de dierenbescherming en heeft in de tuin een kennel laten bouwen waar ze tientallen verlaten honden verzorgt. Er wordt gezegd dat de vrouw des huizes meer interesse heeft voor honden dan voor mensen.

Een Grieks peristilium geeft toegang tot het huis. De vestibule oogt indrukwekkend met kristallen luchters, een kleurrijke marmeren vloer, hoge zuilen en een majestatische trap in witte marmer. In de schelpvormige nissen prijken beelden van onder meer Venus en Minerva, heidense iconen in een streng katholiek huis. De salons en andere ruimten zijn opgesmukt met damasten wandbekleding en schilderijen uit de zeventiende en achttiende eeuw. De parketvloeren zijn juweeltjes van inlegwerk. Een fresco toont het verhaal van Kaïn en Abel, de slechte en goede broer. Overal in het huis staan sierstukken, waaronder een vaas die werd geschonken door de keizer van Japan.

Fabiola woont op de tweede verdieping. Het contrast met de rest van het huis is opvallend. Haar suite is een en al soberheid. In haar zitkamer

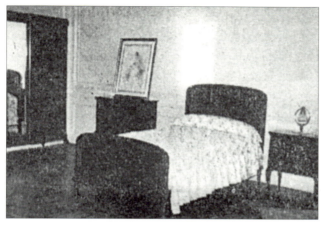

Zo luxueus als Jaime leeft, zo sober gaat het er bij Fabiola aan toe. In haar slaapkamer staat alleen het hoogstnodige.
(foto *Ons Zondagsblad*)

staan alleen een piano, een sofa en twee fauteuils. Aan de muren is de enige versiering een geschilderd portret van moeder doña Blanca. In Fabiola's slaapkamer staat een houten bed met een sprei in bloemmotief. Boven het bed een prent van Onze-Lieve-Vrouw van Altijddurende Bijstand. Het meubilair bestaat uit een kleerkast, twee commodes en een eenvoudige toilettafel met spiegel. Aan het raam een schrijftafel en een brievenkastje.

De huisbibliotheek is volgestouwd met oude boeken, in lederen band en verguld op snee. Fabiola's afdeling ziet er heel anders uit. Er staan vooral Engelstalige boeken van auteurs als Margaretha Ferguson, Max Murray, Daphne du Maurier, Agatha Christie, Kate O'Brien (*That lady*), Sally Salminen (*Katrina*), C.S. Forester (*Lord Hornblower*).

GEËMANCIPEERD MET MATE | Fabiola is lief en charmant, maar ook eigenzinnig en vastberaden. En ze komt overal te laat. Fabiola is in zekere mate een vrijgevochten vrouw. Ze koopt een eigen auto: een Seat 600, het hippe stadsautootje van die tijd. Vlak bij huis, in de Calle Bárbara de Braganza, koopt ze in 1958 een appartement. Dat is uitzonderlijk voor die tijd en in haar milieu. Ze doet het om een hoofdkwartier te hebben voor haar liefdadigheidswerk. In het ouderlijk huis is er nochtans ruimte te over, nu haar broers en zussen de deur uit zijn. Maar het appartement is haar eigen stek, ook al is het bijzonder sober ingericht. 's Morgens ontbijt ze nog in het ouderlijk huis en 's avonds gaat ze er nog eten en bidden.

Fabiola reist Europa rond om haar cultuur en talen bij te spijkeren. Ze laat een esthetische correctie uitvoeren aan haar neus. Heeft ze ook een feministisch trekje avant la lettre? Zover willen de getuigen niet gaan. Ze bevestigen wel dat Fabiola een zelfstandige vrouw is.

Een rabiate feministe is Fabiola niet, maar wel een zelfstandig type voor haar tijd en milieu. Een hip stadsautootje hoort daar ook bij. (foto *La Libre Belgique*)

Diplomaat Bruno Nève de Mévergnies, jarenlang de persoonlijke secretaris van koningin Fabiola, benadrukt dat ze in een grootstad is opgegroeid en in het gewone leven heeft gestaan. Maar feministisch zou hij haar niet noemen. 'Ze is wel heel onafhankelijk. Ook tegenover koning Boudewijn heeft ze altijd haar zelfstandigheid behouden.' Fabiola is nooit een provocatieve feministe geweest zoals koningin Elisabeth. Die leidde een liederlijk leven met veel minnaars, was communiste en violiste. Minister van staat Herman De Croo: 'Fabiola kan je eerder een behoudsgezinde feministe noemen. Een vrouw die op haar recht staat.'

34

EEN EERSTE VERLOOFDE? | Heeft Fabiola ooit een andere man gekend vóór Boudewijn? Op 25 september 1966 publiceert het sensatieblad *Quick* een artikel over de wrijvingen tussen koningin Fabiola en prinses Paola. Het artikel komt goed gedocumenteerd over en citeert paleisbronnen bij naam. In het artikel staat tussendoor te lezen dat Fabiola zich al op 24-jarige leeftijd verlooft met Andrès de la Vega, zoon van een markies. De wederzijdse families zijn het eens over een huwelijk. Maar dan maakt de verloofde het uit omdat hij meent te weten dat Fabiola geen kinderen kan krijgen. In Spaanse aristocratische kringen zou het de gewoonte zijn dat de toekomstige bruid een gynaecologisch onderzoek ondergaat. Andrès trouwt later met een andere vrouw en bouwt een diplomatieke carrière uit.

Dit verhaal uit een sensatieblad is bijzonder speculatief. Het geeft wel voeding aan een gerucht dat tot vandaag in Belgische politieke kringen de ronde doet. Na Boudewijns verloving met Fabiola zou stiefmoeder Lilian hem een brief hebben geschreven waarin zij zegt uit goede bron – meer bepaald een brief die ze uit Spanje heeft ontvangen – te weten dat Fabiola geen kinderen kan krijgen. Die brief is een mogelijke verklaring voor de snelle en definitieve breuk van Boudewijn met zijn stiefmoeder.

HUWELIJKSCURSUS | Even speculatief is de bewering dat Fabiola in de jaren vijftig plannen koestert om in het klooster te treden. Ook dat is nooit bewezen. Het is wel een feit dat Fabiola zich in mei 1954 inschrijft voor een huwelijkscursus bij de pater oblaat Tomás Dominguez. In juni 1955 rondt zij de cursus af met een uitmuntend rapport. De Spaanse krant *El País* publiceert later een interview met de pater en een foto van Fabiola's puntenkaart. Voor één vak haalt ze een acht, voor zeven vakken een negen en voor twee vakken zelfs een tien. In totaal 91 procent. Grootste onderscheiding heet zoiets. Dergelijke inzet op een huwelijkscursus én een onmetelijke liefde voor kinderen, dat doet eerder denken aan een toekomstige bruid dan aan een kloosternon. Maar Fabiola neemt haar tijd. Aan haar zus Maria-Luz zegt ze: 'Ik zal slechts trouwen met de man die ik echt liefheb.'

Nombre y apellidos: Fabiola Mora y Aragon

Fecha de nacimiento: 11 junio 1928

Profesión: Sus Labores

Domicilio: Zurbano 7

Residencia: Madrid

Solicita seguir por correspondencia el CURSO DE PREPARACION AL MATRIMONIO, pagando su importe en ...1... plazo ... y comprometiéndose a considerar dicho Curso como estrictamente personal.

.... de .... de 19..........

(Firma)

Fabiola Mora

NOTA.—Una vez rellenado con letra clara este boletín, envíese en sobre abierto, franqueado con cinco céntimos, a Servicio de Preparación al Matrimonio. Diego de León, 36. MADRID.

Nro.224.- FABIOLA MORA Y ARAGON
　　　　　 Zurbano, 7 - MADRID

Nació: 11 junio 1928
Prof.: S/1
Ingresó: 19 mayo 1954　　　Terminó: 25-junio 1955

Lec.: 1 2 3 4 5 6 7 8 9 10

Cal.: 9. 9. 10 9. 9. 8 9 9 9. 10

　　　　　　　　　　　　　　　Plazos: 1 = 56 pts

OBSERV.- Entregado dipl.: sobres. - Por ahora no quiere seguir la 2ª parte

In 1954 haalt Fabiola een uitmuntend rapport op een huwelijkscursus. Maar het zal nog zes jaar duren voor ze trouwt. (foto *El País*)

III.

Kon. zkt vr.,
lfst adell.,
onth. ind. nt. ernst.

ER WAS EENS | Er was eens een koning die in een groot kasteel woonde en heel eenzaam was. Zo beginnen sprookjes. Ook het sprookje van Boudewijn en Fabiola.

Nadat Boudewijn in 1950 onvoorbereid koning is geworden, blijft hij helemaal onder de invloed van zijn vader Leopold en stiefmoeder Lilian. Zijn vader is zijn voogdijmeester. Elke ochtend aan het ontbijt zegt Leopold aan Boudewijn wat hij moet doen en laten. Hij brieft zijn zoon voor de audiënties. Boudewijn kent alleen maar plichten en is geen guitige gast. Hij heeft wel een Volkswagentje waarmee hij af en toe mag rondrijden. Minister van staat Herman De Croo: 'De monarchie was toen veel hiërarchischer dan nu. De vrees voor afkeuring door zijn vader bracht Boudewijn tot een enorme zelfcontrole.'

Na zijn troonsafstand verhuist Leopold III naar het tweede plan. Later, na het huwelijk van Boudewijn, verdwijnt hij helemaal van het toneel. Zijn ambitieuze vrouw Lilian zal het nooit verwerken.

Maar soms verliest de jonge koning zijn zelfcontrole. Tijdens een van zijn Blijde Intreden in de provincies moet het programma worden onderbroken omdat de koning begint te wenen. Minister van staat Willy Claes heeft later veel gesprekken gehad met de protagonisten uit die tijd en zegt: 'Het klopt dat Boudewijn tegen zijn zin koning werd, wegens de manier waarop zijn vader aan de kant is gezet. Dat was normaal voor een zo jonge man, die ook onder sterke invloed stond van zijn stiefmoeder Lilian.'

Na een reis van Boudewijn in de VS bestempelt een Hollywoodactrice hem achteraf als 'ijskoud'. Zij kent zijn voorgeschiedenis niet. Een gewezen medewerker van koning Boudewijn voegt nog een ander aspect toe. Hij zegt dat Boudewijn tot zijn dertigste nooit de liefde heeft gekend en 'le roi vierge' was: 'Vrijblijvende flirts of betaalde liefde, dat was niet zijn stijl. Hij wilde een ernstige vrouw en een toekomstige moeder, maar hij wist niet hoe hij dat moest aanpakken.'

DE GERUCHTENMOLEN | Boudewijn behoort nochtans tot de meest begeerde vrijgezellen van zijn tijd. Hij is jong, slank en niet onknap, heeft uitstraling en is de ernst zelve. En niet te vergeten: hij is een koning. In 1958 wordt een hofbal georganiseerd met als onderliggende bedoeling de koning 'aan de vrouw te brengen'. Maar het loopt op een sisser af. Na enkele obligate dansjes met de Nederlandse kroonprinses Beatrix en de jonkvrouwen Isabelle van Orléans en Cécile van Bourbon-Parma, trekt de koning zich terug en gaat vroeg slapen. Volgens royaltywatcher Jan van den Berghe loopt het feest daarna uit de hand. 's Morgens liggen bij de verloren voorwerpen naast juwelen ook drie stuks damesondergoed die achteraf nooit worden opgeëist.

Met de regelmaat van een klok duiken berichten op over vermeende romances en op til zijnde verlovingen. Nu eens zou de koning zich verloven met Margherita van Savoye-Aosta (later de moeder van Lorenz, die met prinses Astrid zal huwen), dan weer met zowel Cécile van Bourbon-Parma als haar zus Thérèse. Ook Alexandra van Kent en de Britse prinses Margaret circuleren in de lijstjes. Het dansje met kroonprinses Beatrix volstaat om geruchten op gang te brengen. Het klopt wel dat Boudewijn en Beatrix goed overeenkomen, maar een huwelijk tussen de katholieke Boudewijn en de protestantse Beatrix, dat is ondenkbaar. Het nalezen van artikels uit die tijd is hoogst amusant en vooral een blamage voor zowel de roddelblaadjes als de kwaliteitspers. Ze slagen er systematisch in om de bal mis te slaan. Vlak voor Boudewijns verloving met Fabiola verschijnt in een societymagazine nog het verhaal dat hij pater zal worden in het klooster van Orval.

DE KENNISMAKING | Hoe hebben Fabiola en Boudewijn elkaar leren kennen? Hier wordt het even moeilijk. De meest aannemelijke hypothese is dat Fabiola en Boudewijn elkaar hebben ontmoet in het voorjaar 1960 door toedoen van hulpbisschop Suenens, de latere kardinaal, met als tussenpersoon een Ierse non. De hypothese is in 1995 gelanceerd door de hoogbejaarde kardinaal zelf in een boek dat toen insloeg als een bom. In zijn boek eist hij zonder meer de rol van huwelijksmakelaar op.

We zetten niettemin de andere hypothesen op een rijtje, omdat ook sommige andere geloofwaardig lijken.

WAS HET AL IN 1955? | Het Spaanse weekblad *Blanco y Negra* schrijft in september 1960, vlak na de verloving van Boudewijn en Fabiola: 'Zij hebben elkaar ontmoet ongeveer vijf jaar geleden toen zij te gast waren bij gemeenschappelijke vrienden. Hij werd haar voorgesteld als een jonge Belgische aristocraat. Fabiola wist niet dat hij de Belgische koning was. Hij had zijn bril in zijn jaszak gestopt. Ze voelden zich tot elkaar aangetrokken en Boudewijn zocht meermaals contact. Nadat Fabiola vernomen had wie hij was, belde hij haar geregeld op in Madrid. Aan haar familie stelde hij zich steeds voor als een Belgische graaf. Ze ontmoetten elkaar in Frankrijk, Zwitserland en België.'

Het Vlaamse magazine *Ons Zondagsblad* publiceert op 25 september 1960, ook vlak na de verloving, een gelijkaardig en meer gedetailleerd verhaal. Zo zou koning Boudewijn in Madrid bijna een bekeuring hebben gekregen omdat hij de wagen van Fabiola op een verboden plaats had geparkeerd.

Het artikel van *Ons Zondagsblad* is geschreven door 'onze speciale verslaggever te Madrid'. Op de voorpagina worden een exclusief verhaal en onuitgegeven foto's beloofd. Die belofte wordt binnenin waargemaakt. Er zijn jeugdfoto's van Fabiola te zien en zowaar ook een foto van haar slaapkamer. Het artikel begint met: 'Wij hebben onze correspondent te Madrid, de h. Janssens, gevraagd ons te vertellen over onze nieuwe koningin.' Uit veel details van het artikel blijkt dat 'de

Als haar jongste zus Maria-Luz trouwt, blijft Fabiola alleen achter met haar moeder in het veel te grote familiepaleis.
(foto *Ons Zondagsblad*)

h. Janssens' goed geïnformeerd is. Maar er staan ook speculatieve zinnetjes in zijn artikel. Als hij het heeft over het feit dat Boudewijn in 1940 in ballingschap is in San Sebastian, waar ook de jonge Fabiola vakanties doorbrengt, schrijft hij: 'Er zijn er zelfs die beweren dat zij speelkameraadjes geweest zijn op het strand van San Sebastian.'

IN EEN CABARET TE BARCELONA | 'Er zijn er zelfs die beweren …', daar schieten we weinig mee op. Maar in dezelfde editie van *Ons Zondagsblad* van 25 september 1960 staat een tweede artikel. De journalist is deze keer 'onze speciale verslaggever, de h. R. Rock'. De titel van het artikel luidt: 'Onze redacteur bezocht het huis van prinses Fabiola de Mora y Aragon te Madrid.'

Het artikel is geïllustreerd met foto's die zonneklaar uitwijzen dat de twee 'speciale verslaggevers' van *Ons Zondagsblad* erin geslaagd zijn om enkele dagen na de verloving het ouderlijk huis van Fabiola binnen te dringen, op een moment dat er alleen personeel aanwezig is. Uit het artikel blijkt dat ze de personeelsleden hebben omgepraat om binnen te geraken en dat ze hen jeugdfoto's van Fabiola hebben ontfutseld. Een andere verklaring is er niet. Want de verloving is een donderslag bij heldere hemel en geen enkele Belgische krant of omroep heeft op dat moment ook maar één snipper archief over Fabiola.

Van de twee artikels in *Ons Zondagsblad* zijn dus minstens de foto's geloofwaardig. Eén foto is bijzonder intrigerend. Het onderschrift luidt letterlijk: 'Deze foto werd een jaar geleden gemaakt, namelijk in september 1959, te Barcelona, waar koning Boudewijn toen verbleef. We zien hem hier in gezelschap van doña Fabiola (pijltje), in een cabaret waar Andaloezische volksdansen worden uitgevoerd.' Op de foto is Fabiola duidelijk herkenbaar, met langer haar en meer 'naturel' gecoiffeerd dan tijdens en na haar verloving in 1960. Naast Fabiola is een jonge vrouw te zien, die zo te zien haar jeugdvriendin Pilar de Sástago is. Vervolgens zien we een lachende koning Boudewijn. Zijn bril is dezelfde als op zijn verloving in 1960. Niet de bril van Boudewijn, maar het kapsel van Fabiola wijst erop dat de foto vóór de verloving is genomen.

De fameuze foto 'In een cabaret te Barcelona'. De foto kan erop wijzen dat Fabiola en Boudewijn elkaar al kenden in 1959. (foto *Ons Zondagsblad*)

WEDUWE MET EEN PLAN | Tweede hypothese. In het boek *La reine blanche* uit 1995 (vertaald in 1996 als *Koningin in het wit*) hebben de Franse journalisten Philippe Séguy en Antoine Michelland een andere verklaring voor de kennismaking tussen Fabiola en Boudewijn. Het verhaal begint in 1957 ten huize van de Spaanse koningin-weduwe Victoria-Eugenia, in Lausanne. De weduwe heeft een ravissante kleindochter Anne, die ze wil koppelen aan Boudewijn. Anne is een opgewekte juffrouw met Bourbonbloed in de aderen. De koningin-weduwe nodigt koning Boudewijn uit op de thee met het plan er 'toevallig' haar kleindochter voor te stellen. Opdat het niet te veel zou opvallen, inviteert ze ook haar petekind Fabiola, die bevriend is met Anne. Het plan mislukt. Boudewijn komt op bezoek, maar valt niet voor Anne. Fabiola valt wel voor Boudewijn. Maandenlang spookt hij door haar hoofd. Ze spreekt erover met haar biechtvader, pater Cavestany, die ook al de raadsman van haar vader was.

Een jaar later wordt in Brussel de wereldtentoonstelling Expo 58 geopend. Fabiola hangt aan de radio gekluisterd als de openingstoespraak van koning Boudewijn wordt uitgezonden. Haar hart krimpt ineen als ze hoort dat Boudewijn een bal zal geven. Ze weet dat daar huwelijkskandidates naar zijn aandacht zullen hengelen.

Pater Cavestany raadt haar aan de Expo 58 te bezoeken en een audiëntie bij Boudewijn aan te vragen. Dat laatste durft ze niet, ze wandelt wel smachtend langs het koninklijk paleis in Brussel. In Madrid neemt Cavestany contact op met een collega-pater uit Boudewijns entourage, die op zijn beurt prinses Joséphine-Charlotte aanspreekt. Zo komt er toch een ontmoeting, want Boudewijn herinnert zich zijn ontmoeting met de Spaanse jongedame in Lausanne nog. Vervolgens worden Boudewijns grootmoeder Elisabeth en stiefmoeder Lilian in het tedere complot betrokken.

Boudewijn en Fabiola worden een stel. De romance blijft geheim. Ze ontmoeten elkaar her en der in Europa. Zo bijvoorbeeld in 1959 aan de Costa Brava, in de buurt van Barcelona. Dat doet onmiddellijk denken aan de foto 'in een cabaret te Barcelona', hoewel de auteurs Séguy en Michelland er niet naar verwijzen. Als Franse journalisten lezen ze allicht niet *Ons Zondagsblad*. Hun boek is wel bijzonder goed gedocumenteerd. Heel wat elementen wijzen er zelfs op dat koningin Fabiola eraan kan hebben mee-gewerkt. Maar voor het verhaal van de kennismaking komen we wellicht dichter bij de waarheid met het boek van kardinaal Suenens.

KARDINAAL-KOPPELAAR | Begin 1995 publiceert de negentigjarige kardi-naal met emeritaat Léo-Joseph Suenens het boek *Le roi Baudouin. Une vie qui nous parle.* Het boek wordt door theologieprofessor Jan Van der Veken vertaald onder de titel *Koning Boudewijn. Het getuigenis van een leve*n.

Kardinaal Suenens eist zonder meer de rol en eer van huwelijksmakelaar op. Sommigen noemen hem een intrigant, tuk op macht en invloed.

De eerste helft van het boek gaat over de kennismaking tussen Bou-dewijn en Fabiola. De kardinaal doet uitvoerig uit de doeken hoe Boude-wijn en Fabiola elkaar hebben leren kennen in het voorjaar van 1960. Op dat moment is Suenens nog hulpbis-schop voor Mechelen-Brussel. In tientallen bladzijden beschrijft hij nauwgezet zijn demarches om ko-ning Boudewijn aan een vrouw te helpen. Hij citeert volop uit hun we-derzijdse briefwisseling. De mon-seigneur en de koning bedanken in zowat elke zin God en de Maagd Maria voor hun goedheid en welda-den. Monseigneur Suenens prijst overvloedig de koning. De koning is op zijn beurt in de ban van de ethe-rische taal en het diepe geloof van de geestelijke voorman.

Opvallend: in dit boek uit 1995 haalt Suenens ook de andere hypothesen aan over de eerste kennismaking van Boudewijn en Fabiola: San Sebastian, de Costa Brava, de ontmoeting bij de Spaanse koningin-weduwe in Lausanne. Maar hij besluit: 'Dat zijn allemaal fabeltjes. Nu zal men begrijpen waarom de koning het geheim van de voorbereiding van zijn verloving niet aan het grote publiek heeft prijsgegeven, en evenmin de naam van degene die er het instrument van was.' Enige ijdelheid is de bejaarde kardinaal niet vreemd.

ZUSTER VERONICA | Suenens reconstrueert het verhaal in detail. Zijn eerste ontmoeting met koning Boudewijn dateert van najaar 1959. Het klikt meteen. Tijdens een tweede gesprek vertrouwt de koning hem toe dat hij in Lourdes tot Onze-Lieve-Vrouw heeft gebeden om het probleem van zijn huwelijk op te lossen. Monseigneur Suenens snapt de hint en stelt de bemiddeling voor van de Ierse non Louise-Marie O'Brien, in het kloosterleven zuster Veronica en oprichtster van het Marialegioen.

Na zijn skivakantie in Zwitserland nodigt Boudewijn zuster Veronica uit voor een audiëntie op 18 maart 1960. Zij spreekt Boudewijn aan met 'Mister King'. De audiëntie duurt vijf uur. Tijdens een volgende audiëntie zegt de koning dat zijn voorkeur gaat naar een bruid uit Spanje. De volgende nacht ontvangt zuster Veronica een goddelijke boodschap. God zegt haar: 'Ga naar de koning om hem voor te stellen naar Spanje te gaan, om de weg voor hem te bereiden.' Ze vraagt een nieuwe audiëntie aan en de koning geeft op 13 april zijn toestemming voor haar missie. Noch Boudewijns familie, noch Suenens' overste – kardinaal Van Roey – zijn op de hoogte.

Door bemiddeling van Suenens wordt zuster Veronica ontvangen door de pauselijke nuntius in Madrid, monseigneur Antoniutti. Ze komt terecht bij de directrice van een meisjesschool en vervolgens bij Fabiola de Mora y Aragon. In een brief aan Boudewijn beschrijft zuster Veronica haar ontdekking Fabiola als: 'Een frisse wind, goed gebouwd, *good looking and striking*, vol leven, intelligent, recht door zee.' Ze voegt eraan toe: 'Heel diep in mij was de overtuiging aanwezig dat ik voor de uitverkorene van Onze-Lieve-Vrouw stond.'

Méér moet dat toch niet zijn? Maar Fabiola zegt aan zuster Veronica

– steeds volgens kardinaal Suenens – dat ze heeft afgezien van een huwelijk met een jonge diplomaat die op het punt stond naar Amerika te vertrekken, omdat haar leven in Spanje geworteld is. Als Veronica haar vraagt waarom ze nog niet gehuwd is, zegt Fabiola, die dan bijna 32 is: 'Ik ben nog nooit verliefd geweest.' Maar Veronica geeft het niet op. Ze heeft de nacht ervoor een droom gehad over een schilderij. Groot is haar verwondering als ze in Fabiola's appartement exact hetzelfde schilderij ziet als in haar droom. Andermaal een teken van de goddelijke voorzienigheid.

Het relaas van de kardinaal gaat nog bladzijdelang door. Hij citeert uit de briefwisseling. In thrillerstijl hebben de hoofdpersonages codenamen: Fabiola is 'Avila', Boudewijn is 'Luigi', zuster Veronica is 'Grace', Suenens is 'Michel'. De uitkomst is dat Fabiola eerst neen zegt, maar na een interventie van de pauselijke nuntius toestemt om Boudewijn te ontmoeten in Brussel.

BLIND DATE | De ontmoeting heeft plaats in het appartementje van zuster Veronica in de Zwitserlandstraat in Brussel. De vonk springt over. Maar deze keer is de kardinaal discreet: 'Het past niet te beschrijven hoe rozen opengaan en bloeien.' Hij voegt er wel trots aan toe: 'De engelen die moesten waken over het gaan en komen, hebben het soms wat lastig gehad om zich van hun taak te kwijten, maar ze hebben deze tot een goed einde gebracht.' Een pluim op zijn eigen hoed en op deze van zuster Veronica.

Op 5 juli 1960 ontmoeten Boudewijn en Fabiola elkaar een tweede keer in Lourdes. Ze hebben elk een vertrouwenspersoon mee als escorte. Ze verblijven er vijf dagen in *chambres séparées*. Boudewijn en Fabiola eten elke dag samen, gaan bidden in de grot en maken urenlange wandelingen. Het gedetailleerde relaas is te lezen in een brief van Boudewijn aan Suenens. De koning verzucht dat hij zijn aanzoek aan Fabiola blijft uitstellen. Hij beschrijft hoe hij op vrijdag 8 juli met Fabiola onderweg is naar Tarbes. Abrupt vraagt Fabiola om de auto aan de kant te zetten en drie weesgegroetjes te bidden. Na het gebed zegt Fabiola: 'Deze keer is het ja, en ik kijk niet meer achterom.' Het hoge woord is eruit.

Het jawoord is gegeven zonder aanzoek. De koning is opgelucht en schrijft aan Suenens: 'Hoe goed was Onze-Lieve-Vrouw om die eerste proef waar ik doorheen moest, in te korten.'

Het verliefde stel zoekt arm in arm de twee vertrouwenspersonen op om hen de primeur van het goede nieuws te geven.

DE WAARHEID EN NIETS DAN DE WAARHEID | Klopt het verhaal van kardinaal Suenens? Er is maar één iemand die het echt kan bevestigen of ontkrachten. Maar koningin Fabiola staat geen interviews toe en vindt het niet nodig tekst en uitleg te geven. Ook koning Boudewijn heeft daarover nooit publieke verklaringen afgelegd. Op de dag van zijn verloving zei hij aan de pers: 'Hoe en wanneer doña Fabiola elkaar hebben ontmoet, zal ik later alleen aan mijn kinderen vertellen. Dat blijft ons geheim.'

Minister van staat Herman De Croo is al lang voorzitter van de Stichting Prinses Lilian en heeft de prinses heel goed gekend. Hij ging geregeld bij haar op bezoek tot aan haar dood. Hij zegt: 'Het verhaal van kardinaal Suenens kan niet anders dan kloppen. Want als Boudewijn al eerder contact had gehad met Fabiola, dan is het onmogelijk dat Lilian dat niet zou hebben geweten. Zij bevoogdde hem en hij beschouwde haar echt als zijn tweede moeder. Zij die alles wilde weten en alles liet volgen, het is ondenkbaar dat ze niets zou hebben geweten over een relatie van Boudewijn.'

Alle andere getuigen vinden het relaas van kardinaal Suenens de meest geloofwaardige uitleg. De huidige parochiepriester van de koninklijke familie Herman Cosijns, tevens deken van Laken, heeft die episode zelf niet meegemaakt. Hij bevestigt wel: 'Monseigneur Suenens was bijzonder invloedrijk. Vergeet niet dat hij een van de vier moderatoren van het Tweede Vaticaans Concilie was. Hij was een heel belangrijke figuur.' Claude De Valkeneer was wel al actief in die periode, als perswoordvoerder van het paleis, en is na zijn pensionering nog jarenlang bevriend gebleven met prinses Lilian. Hij zegt: 'Het is duidelijk dat Leopold en Lilian niets met de kennismaking te maken hadden. Er was de invloed en intelligentie van Suenens nodig om een Fabiola te vinden. Zij was uniek, origineel en persoonlijk.' Minister van staat Herman De Croo: 'In 1960 zat België in volle Congo-crisis en ineens was de koning verdwenen. Achteraf bleek dat hij in Lourdes geweest was voor een ontmoeting. Ik meen te weten dat die ontmoeting gepland was.'

Een andere sfinx is minister van staat en gewezen premier Wilfried Martens. Weinig of geen politici hebben zo dicht bij koning Boudewijn gestaan als Martens. Hij zegt: 'Ik geloof inderdaad dat het kardinaal Suenens was die het koppel heeft samengebracht. Ik heb wel nooit begrepen hoe hij dat boekje heeft kunnen schrijven, waarin hij de meest intieme nota's van de koning openbaar maakte. Hij heeft daar méér dan een beetje de kroon ontbloot. Maar dat wil niet zeggen dat de inhoud van zijn boekje onjuist is.' Andere getuigen spreken meer directe taal. Ze noemen Suenens een intrigant, tuk op persoonlijke macht en invloed. Een toppoliticus drukt het plastischer uit: 'Hij ging er met grote voeten door.'

Als de beweringen van Suenens kloppen, scoort hij als huwelijksmakelaar een voltreffer. Hij verdringt vader Leopold als eerste raadsman van koning Boudewijn. Een getuige beweert dat Leopold de monseigneur niet kan uitstaan. 'Hij nam in Laken speciaal een andere trap om Suenens niet tegen te hoeven komen.'

Er zijn nog indicaties dat het verhaal van Suenens correct is. Zo heet later het Spaanse jacht van Boudewijn en Fabiola Avila. Dat was Fabiola's codenaam in het scenario van Suenens. Nog iets: in zijn boek citeert de kardinaal lange fragmenten uit Boudewijns geestelijke dagboeken, die volgens de laatste wilsbeschikking van de koning aan Suenens zijn overgemaakt. Op 8 juli 1978 schrijft Boudewijn: 'Het is vandaag 18 jaar geleden dat Fabiola en ik elkaar trouw beloofden, na de Heilige Mis te Lourdes. Dank u, Heer, dat Gij ons bij de hand hebt genomen aan de voeten van Maria.' In 1991 bedankt de koning niet alleen de Heer en de Moeder Gods, maar ook kardinaal Suenens en zuster Veronica. Als Boudewijn het zélf zegt. En niet met voorbedachten rade, want hij zal nooit hebben vermoed dat de kardinaal zijn geestelijke dagboeken openbaar zou maken.

IK HEB OOK MIJN VERHAAL | Het geestelijke dagboek van Boudewijn geeft uitsluitsel over het jawoord in Lourdes. Maar nog altijd niet over de kennismaking. Volgens een getuige die Fabiola héél goed persoonlijk kent, was ze in 1995 allerminst opgetogen met het boek van kardinaal Suenens. Bovendien zei de koningin herhaaldelijk aan de getuige: 'Ik heb ook mijn verhaal.' In tegenstelling tot Boudewijn zou Fabiola zich niet zonder meer hebben overgeleverd aan de plannen van Suenens en zuster Veronica O'Brien. Ze had respect voor de zuster, maar was helemaal niet zo in de ban van haar als Boudewijn. Het klopt dat de Ierse zuster Fabiola in Spanje benaderd heeft met de vraag of ze met de Belgische koning wilde trouwen. Maar het verhaal dat de eerste kennismaking bij de doortastende zuster thuis zou hebben plaatsgevonden, is onjuist. Het is wel in Brussel gebeurd, maar in aanwezigheid van Suenens. Daarna heeft Fabiola lang getwijfeld. Ze zou het aanzoek van Boudewijn 'het eerste jaar' zelfs verscheidene keren hebben geweigerd. Fabiola's woorden 'het eerste jaar' zijn uiterst intrigerend, want in tegenspraak met het verhaal van Suenens. Op een bepaald moment heeft ze de beginnende relatie zelfs verbroken. Met deze wetenschap in het achterhoofd is het duidelijk waarom Boudewijn in zijn geestelijke dagboek schrijft dat Fabiola in Lourdes uiteindelijk zegt: 'Deze keer is het ja, en ik kijk niet meer achterom.'

VLINDERS IN DE BUIK | In de periode voor en na het jawoord in Lourdes, ontgaat het Fabiola's familie niet dat ze veranderd is. Ze loopt er verstrooid en dromerig bij. Haar zus Maria-Luz zegt: 'Ik zie dat er iets niet gaat. Je weet dat je mij mag vertrouwen'. Het antwoord is: 'Ik begrijp dat er dingen zijn die je eigenaardig voorkomen, maar nu kan ik nog niets zeggen. Ik vraag slechts één ding: bid voor mij.'

De krantenartikels en hagiografische literatuur zijn confuus over die periode. De bronnen spreken elkaar tegen over wanneer en hoe Fabiola haar moeder en familie informeert. De verhalen hebben een hoog emogehalte, maar zijn te tegenstrijdig om ze te vermelden. Toch aardig is de legende dat Fabiola elke dag een brief uit Brussel ontvangt. Op de envelop staat geen adres van de afzender, alleen de naam De Boodt. Met wat fantasie kan je daarvan 'De Boudewijn' of 'Le Bauduin' maken.

Fabiola met haar drie zussen. Die zijn stomverbaasd als ze horen dat Fabiola zich op haar 32ste zal verloven met de Belgische koning.

In alle verhalen komt terug dat Fabiola's jeugdvriendin Pilar al heel vroeg op de hoogte zou zijn. *Girl's talk* bestaat kennelijk ook in de hogere kringen. Fabiola zou na Lourdes ook Nederlands zijn gaan leren en golflessen hebben genomen. Golf is het favoriete tijdverdrijf van Boudewijn.

Het is in elk geval bewezen dat Fabiola zich in juli 1960 laat portretteren door de fotograaf Amer Ventosa. Ze stuurt de foto's naar Brussel, met op de achterkant van elke foto een handgeschreven commentaar: *'Muy bonita'*, *'preciosa'*, *'esta bien'*, *'esta bien y pasable'*, *'pasable bonita'*... Op alle portretten poseert ze met witte oorbellen en een halssnoer van witte parels. Ze is duidelijk gecoiffeerd, maar haar golvende lokken doen nog niet denken aan het latere Fabiolakapsel. Opvallend zijn haar ranke hals en mooie ogen. Op de foto's die ze als *'preciosa'* bestempelt, kan ze best doorgaan voor een filmdiva uit de fifties.

Jeugdvriendin Pilar de Sástago kent altijd als eerste Fabiola's geheimen. *Girl's talk* bestaat ook in de hogere kringen.

Op woensdag 14 september 1960 verlaat Fabiola met haar moeder en oudste broer Gonzalo het huis. Ze hebben reiskoffers mee, maar de reisbestemming is geheim. Alleen de dichtste familie is op de hoogte van wat er te gebeuren staat. Aan haar neefjes en nichtjes verklapt Fabiola alleen dat ze overmorgen vrijdag naar de radio moeten luisteren.

VERLIEFD, VERLOOFD | Brussel, vrijdag 16 september 1960. De Belgische deelnemers aan de Olympische Spelen, onder wie Roger Moens, zijn net terug uit Rome met vier medailles. Het andere nieuws van de dag is dat Joseph-Désiré Mobutu in Congo de macht heeft gegrepen.

Even na de middag kondigt premier Gaston Eyskens via de radio de verloving aan van koning Boudewijn met doña Fabiola Mora y Aragon.

Voor haar verloving laat Fabiola foto's maken in Madrid. Enkele foto's bestempelt ze zelf als 'preciosa'.

Het nieuws slaat in als een bom. Het land valt even stil. De leden van de regering en de hofdignitarissen vallen totaal uit de lucht. Hun koning zal zich verloven met een Spaanse die niemand kent.

Op de krantenredacties slaat men zich voor het hoofd. Nog enkele dagen ervoor is een artikel verschenen dat Boudewijn pater zou worden. De perswoordvoerder van het paleis Claude de Valkeneer, die in het premediatijdperk een vrij rustige job heeft, staat onverwachts voor de grootste uitdaging van zijn carrière: 'Tot de dag ervoor wist ik van niets. Ik werd uit vakantie geroepen en kreeg één dag tijd om de persvoorstelling te organiseren.'

Fabiola vindt het hele theater best amusant en lijkt bijzonder rustig vooraleer ze aan de pers en de wereld zal worden voorgesteld. 'U bent de eerste Belg die mij hier ziet en weet dat ik koningin zal worden,' zegt ze

Een stralende Boudewijn stelt zijn verloofde voor aan de journalisten. Hun notaboekjes zijn te klein om de talrijke charmes van Fabiola neer te pennen.

aan de perswoordvoerder, enkele ogenblikken vooraleer de pers uit binnen- en buitenland op het kasteel van Ciergnon wordt binnengelaten.

Tientallen fototoestellen en camera's zijn op Fabiola gericht. Ze blijft minzaam en spontaan glimlachen. Ze is geen *babe*, maar heeft charme te koop. Minister van staat Mark Eyskens: 'Ik heb haar leren kennen toen mijn vader premier was en het huwelijk aankondigde. Ze had zwart haar en donkere ogen, ze was een mooie verschijning. Ze had wat.'

Fabiola steelt de harten van het journaille. Ze glimlacht naar de lenzen als een professional. De Belgen zien hun koning voor het eerst voluit lachen. Hij stráált zowaar. Zijn verloofde heeft haar entree niet gemist. Professioneel als ze zijn, laten Leopold en Lilian hun ongenoegen niet in het openbaar blijken.

's Avonds telefoneert Fabiola naar haar familie. Ze zegt aan haar zus Maria-Luz: 'Ik ben heel gelukkig.' Aan haar vriendin Pilar zegt ze: 'Weet je, Pili, ik was heel kalm. Ik héb het voor de Belgen, ik hield al van hen toen ze mijn bestaan niet eens vermoedden.' Ook de Belgen zijn blij verrast met hun toekomstige koningin. Ze oogt wat minder exotisch dan haar naam doet vermoeden, maar ze heeft gescoord.

ALLEN DAARHEEN | De Belgische pers maakt overuren. Geen enkele krant of omroep heeft documentatie over Fabiola. In grote haast worden journalisten uitgestuurd naar Madrid. *Ons Zondagsblad* spant de kroon, zoals hiervoor al beschreven. Twee reporters van het blad dringen in paparazzostijl het ouderlijk huis binnen waar op dat moment alleen personeel verblijft. Ze interviewen de portier Damian Capricio, die ook al acht jaar de chauffeur van Fabiola is. Ze spreken met de *mayordomo* Lorenzo Garcia, al 49 jaar in dienst bij de familie, en de gouvernante Milagros de Rasines. Die noemt Fabiola 'mijn lieve meesteres'. Tuinier Antonio zegt dat Fabiola enorm van bloemen houdt en ze zelf in vazen schikt. De vroegere *mayordomo*, de Wener Heinrich Griesbach, tachtig jaar en blind, zegt dat hij vertroeteld wordt door Fabiola.

Na dit onaangekondigde persbezoek grijpt de familie in. Het huis wordt hermetisch afgesloten. Maar intussen heeft *Ons Zondagsblad* een massa primeurs en exclusieve foto's, goed voor acht pagina's. De journalisten sluiten hun artikel af met de kreten: 'Leve koningin Fabiola! Leve koning Boudewijn! Moge hun regering lang en vruchtdragend zijn!' Het is alleszins duidelijk dat Boudewijn het grote lot heeft gewonnen met zijn Fabiola. Een perfectere bruid is niet denkbaar. Ze is hyperkatholiek, komt uit een monarchistisch gezinde familie, is sociaal bewogen en van onbesproken gedrag. Ze is de Mathilde van haar tijd.

TOCH EEN MINPUNTJE? | Is iedereen dan even enthousiast over Fabiola? Op moreel vlak is ze een onbesproken keuze. Maar politiek ligt het wat moeilijker. In het Spanje van Franco hopen twee koninklijke families op het herstel van de monarchie. De twee families hebben elk een troonpretendent. Juan Carlos en zijn Griekse vrouw Sofia worden later de winnaars. Minister van staat Herman De Croo: 'Koningin Sofia heeft me ooit verteld dat het stresserend was. Franco heeft haar man Juan Carlos jarenlang aan het lijntje gehouden. Hij speelde de concurrentie uit.'

Twee getuigen zeggen dat premier Gaston Eyskens zich zorgen maakt als hij verneemt dat koning Boudewijn zich zal verloven met Fabiola. Hij zou bang zijn dat de strijd tussen de Spaanse troonpretendenten zich zou overplanten naar België. Bijgevolg is het niet zeker dat Eyskens en Suenens eenstemmig zijn over de keuze van Fabiola. Maar of Eyskens tégen Fabiola is, daar zijn geen aanwijzingen voor.

Het zal Boudewijn een zorg zijn, hij heeft zijn goudklompje gevonden. Een broer van Fabiola zegt over haar in een interview: *'Tiene suerte, el rey Balduino'*, koning Boudewijn boft. De gepensioneerde generaal Alfredo Kindelan zegt: 'Boudewijn biedt een kroon aan, maar Fabiola biedt iets wat even waardevol is: de zuiverheid van een adellijke en diep christelijke Spaanse jonkvrouw.'

KOEKENDOOSHUWELIJK | Fabiola kan niet op dezelfde hoge afkomst bogen als de vier vorige Belgische koninginnen, die respectievelijk afstamden van de koninklijke geslachten van Orléans, Habsburg, Wittelsbach en Bernadotte. Maar haar introductie op de verloving is een meer dan geslaagde kick-off. Ze is meteen razend populair in België. De foto van Boudewijn en Fabiola prijkt op miljoenen koekendozen. Veel Belgische gezinnen hebben nu nog een exemplaar in huis.

De avond voor het huwelijk vindt op het kasteel van Laken een groot galafeest plaats voor de Belgische hoge adel en de koninklijke gasten. Bijna alle regerende vorsten zijn aanwezig met hun wederhelften en familieleden. De dames en heren zijn in vol ornaat. Prinses Lilian schittert voor de allerlaatste keer als de ongekroonde first lady van België. Maar het is natuurlijk Fabiola die in het middelpunt van de belangstelling staat. Prinses Elisabeth de Chimay, die later een goede vriendin van Fabiola zal worden,

Na het burgerlijk huwelijk loopt de fotoshoot uit. De lange sleep draperen is blijkbaar een tijdrovende bezigheid.

herinnert het zich als de dag van gisteren. 'Ze was charmant en had een uitstraling die iedereen verbaasde. Ik zie haar nog aankomen in een gouden jurk met daarop een mantel in kant.'

DIE WINTERDAG IN BRUSSEL | Op 15 december 1960 is het barkoud en mistig in Brussel. Fabiola maakt op haar trouwdag kennis met het Belgische klimaat. Ze heeft 's morgens niet ontbeten omdat ze nuchter wil zijn om de communie te ontvangen. Om tien uur begint de burgerlijke plechtigheid in de troonzaal van het paleis. Fabiola draagt een prachtige bruidsjurk van satijn. Op haar bruidssluier draagt ze het briljanten diadeem van de negen provinciën, dat nog van Boudewijns moeder Astrid komt. De Brusselse burgemeester Lucien Cooremans voltrekt het burgerlijk huwelijk. Voor koning Boudewijn getuigen zijn broer Albert en schoonbroer Jean, erfgroothertog van Luxemburg. Fabiola's getuigen zijn haar oudste broer Gonzalo en de graaf van Barcelona. Stoute broer Jaime is niet uitgenodigd. Later zegt hij in een interview met de Nederlandse presentator Ivo Niehe dat hij in de luchthaven van Madrid werd tegengehouden. 'Op vraag van de Belgische regering was er een bevel van Franco dat ik Spanje niet mocht verlaten. Als reden gaven ze op dat ik als gescheiden man het huwelijk van een katholieke vorstin niet kon bijwonen.'

Na het burgerlijk huwelijk is er even paniek. De huwelijksstoet met 150 wagens en een escorte ruiters vertrekt met grote vertraging naar de kathedraal van Sint-Michiel en Sint-Goedele. Volgens een later krantenverslag is de koningin van de honger onwel geworden en moet er vlugzout aan te pas komen. Anderen beweren dat de vertraging te wijten is aan de uitgebreide fotoshoot. Het zou de eerste maar niet laatste keer zijn dat Fabiola het protocol in de war stuurt.

IK GEEF JOU | De hoogbejaarde kardinaal Van Roey is zo zwak dat hij de huwelijksmis laat opdragen door hulpbisschop Léo-Joseph Suenens. Een eer die de huwelijksmakelaar graag aanvaardt. De eigenlijke huwelijks-

Tijdens het kerkelijk huwelijk verbergt Fabiola enkele keren haar gezicht in haar handen.
Om te bidden of om haar tranen te bedwingen?

inzegening doet kardinaal Van Roey zelf. Hij vraagt Boudewijn de huwe-
lijksbelofte uit te spreken. De koning verrast alle aanwezigen door voor
zichzelf niet het koninklijke meervoud te gebruiken en zijn bruid te tutoye-
ren. 'Ik, Boudewijn, geef jou die ik hier bij de hand houd, mijn huwelijks-
trouw en ik neem je tot mijn wettige vrouw voor God en zijn Heilige Kerk.'
   Bij het buitenkomen van de kathedraal maakt Fabiola voor het eerst

haar klassieke gebaar: de armen eerst uitgestrekt en daarna gekruist op de borst. Openheid, nederigheid, geloof, liefde en hoop in één gebaar zonder woorden. En dat in een tijd zonder media-adviseurs of spindoctors. Na het huwelijk stelt Boudewijn vanaf het balkon van het paleis zijn bruid voor aan het volk. Fabiola maakt opnieuw haar gebaar. Daarna neemt ze Boudewijn vast, drukt hem tegen zich aan en legt haar hoofd op zijn schouder. Boudewijn is eerst verrast, maar vlijt dan ook zijn hoofd tegen zijn bruid aan. De fans gaan uit de bol, ondanks de winterkou.

De hele plechtigheid is te zien op televisie. In 1960 hebben nog niet veel Belgen een 'post', zoals een televisietoestel dan heet. De trotse bezitters van een post zien hun huis volstromen met familieleden, buren en vrienden. Als koningin Fabiola wuift naar de camera, zwaait een bejaarde Brugse volksvrouw enthousiast terug. Ze is ervan overtuigd dat Fabiola haar kan zien. Niet alleen Spanje is in 1960 een primitief land.

HOOG IN DE WOLKEN | De huwelijksmaaltijd met tweeduizend gasten heeft plaats in het koninklijk paleis. Eerst is er een receptie, met gescheiden salons voor onder meer de koningshuizen, de hoge adel en de Belgische overheden. Onder de gasten is er een fel opgemerkte aanwezige: de dochter van generaal Franco. Ze is er met haar man, de markies van Villaverde, die gekleed gaat in een ceremonieel kostuum met operetteallures. Zijn kostuum is blijkbaar zo indrukwekkend dat hij en zijn vrouw per vergissing worden binnengeloodst in het salon voor de gekroonde hoofden en leden van koninklijke families. Een toenmalige hofdignitaris beschrijft niet zonder trots zijn snelle ingreep. 'Ik heb de dochter van Franco en haar man weggelokt met de smoes dat ze moesten poseren voor een officiële foto. Daarna bleef het koninklijk salon voor hen gesloten. Ik mag dus zeggen dat ik een incident heb voorkomen door de dochter van Franco buiten te kegelen.'

Congo, de voormalige kolonie die een half jaar eerder onafhankelijk werd, is vertegenwoordigd door zes militairen. Premier Kasavubu heeft van militair dictator Mobutu geen toelating gekregen om het huwelijk bij te wonen. Maar dat is de enige smet op het feestelijke samenzijn van een nooit geziene verzameling 'gestelde lichamen' uit binnen- en buitenland.

Om vijf uur 's avonds, na het verorberen van de bruidstaart van drie meter hoog, wordt het banket afgesloten. Fabiola en Boudewijn vertrekken op huwelijksreis naar Spanje. Om 18.46 uur verdwijnt hun vliegtuig in de grijze wolken. Hoog in de hemel. Weg van het protocol en de fotografen. Weg van de feestende hoofdstad, waar de Spanjaarden zich intussen niet onbetuigd laten.

IV.

In goede en kwade dagen

VERSTOORDE WITTEBROODSWEKEN | De huwelijksreis van het konings-paar is van korte duur. Vlak na het huwelijk breken massale stakingen uit tegen de plannen van de regering Eyskens-Lilar. De plannen voor de zoge-heten Eenheidswet zijn ambitieus op het vlak van economische expansie, maar omvatten ook bezuinigingen en belastingen. Op kerstdag, tien dagen na het koekendooshuwelijk, verkeert het land in zware crisis. Bovendien zijn er problemen in Congo, met dramatische gevolgen voor de Belgen al-daar.

Voor Boudewijn en Fabiola zit er niets anders op dan hun huwelijksreis te onderbreken. Op 30 december keren ze uit Spanje terug. Bij thuiskomst in het kasteel van Laken wacht hun een nieuwe koude douche. Vader Leo-pold en stiefmoeder Lilian zijn uit Laken verhuisd naar het nabijgelegen kasteel van Argenteuil, en hebben dat bijzonder grondig gedaan. Ook uit het paleis in Brussel hebben ze meubels en schilderijen weggehaald, zelfs uit de bureaus van hofmedewerkers.

Koning Boudewijn komt aan in een leeggeplunderd kasteel. Gezeten op een valies verleent hij audiëntie aan premier Gaston Eyskens. Intussen is het maar de vraag wiens eigendom al die kostbare spullen op dat moment zijn. Dat is niet duidelijk. Premier Gaston Eyskens arbitreert en laat een serie meubels en schilderijen terughalen. Aan een minister zegt Eyskens achteraf: 'Ik heb het zo opgelost dat het de Belgische schatkist niet te veel heeft gekost.' Waarbij hij zijn wenkbrauwen optrekt op zijn typische manier. Maar hij heeft kennelijk toch een compromis moeten sluiten. Na de dood van Lilian in 2002 zijn er twintig vrachtwagens nodig om de talrijke meu-bels en andere kostbaarheden weer naar het kasteel van Laken te brengen.

DE BREUK | Het is nog altijd gissen naar de werkelijke reden voor de defi-nitieve breuk tussen Boudewijn en zijn ouders. Er zijn diverse verklarin-gen, die niet tegenstrijdig maar complementair zijn. Allereerst wrikt Boude-wijn zich in 1960 – al dan niet onder invloed van monseigneur Suenens – los uit de autoritaire invloedssfeer van zijn vader. Het is bekend dat verschei-dene politici de dominantie van Leopold op de jonge koning willen verminderen. Minister van staat Herman De Croo beaamt dat er druk is uit-geoefend op Boudewijn om te trouwen: 'Dat was bijna een staatsopdracht voor hem.' Het impliceert dat Leopold met tegenzin zijn zoon moet los-laten.

Een tweede reden is de gedwongen verhuizing van Leopold en Lilian uit Laken. Volgens diverse getuigen heeft vooral Lilian het daar lastig mee. Het is een publiek geheim dat Lilian een ongebreidelde ambitie heeft en nooit de troonafstand van Leopold verwerkt. Ze had koningin willen wor-den. Verscheidene getuigen bevestigen dat Fabiola na de verloving haar plek moet vinden als toekomstige koningin, maar dat Lilian haar die plek niet gunt.

Een derde verklaring is dat Boudewijn bij zijn verloving onhandig of eigengereid handelt tegenover zijn vader. Herman De Croo — jarenlang in-timus van prinses Lilian — vermoedt dat de botsing van Boudewijn met zijn vader en stiefmoeder is begonnen bij de verloving. 'Er is mij verteld dat ze het hebben vernomen via de radio. Na het middagnieuws weerklonk plots het nationale volkslied. Leopold sprong recht en hoorde Gaston Eyskens meedelen dat de koning verloofd was. Hij en Lilian wisten er níéts van.' Van Lilian is bekend dat ze alles volgt en wil weten. Als het klopt dat zij en Leopold niets afweten van de verloving, is het voor hen een kaakslag en vertrouwensbreuk.

Een vierde verklaring is dat Lilian en Fabiola totaal verschillende per-soonlijkheden zijn.

BOTSENDE KARAKTERS | Alle getuigen wijzen op de grote verschillen tus-sen Lilian en Fabiola. Prinses Lilian is van het mondaine type en niet be-paald naïef. Koningin Fabiola is een diepgelovige wereldverbeteraarster. Toch laat ze zich niet doen; ze is geen doetje. Dat moet botsen. Gaston Eyskens verklaart achteraf aan intimi: 'Ik heb die twee kemphanen uit el-kaar moeten houden.' Een vroegere hofmedewerker: 'Lilian kon het hele-maal niet vinden met Fabiola en Paola. Die hadden op hun beurt angst voor Lilian omdat ze hen domineerde.'

Politieke problemen en de breuk met haar schoonouders werpen een schaduw op het begin van Fabiola's huwelijk. Later komen daar nog de mislukte zwangerschappen bij. (foto *Quick*)

Er is al vaak gespeculeerd dat er ook sprake is van jaloezie. Boudewijn zou als jongeman een té intieme band hebben gehad met zijn knappe stiefmoeder Lilian. De meeste getuigen spreken dat met de allergrootste klem tegen. Willy Claes: 'Achiel Van Acker heeft daar een allusie op gemaakt in zijn notities. Maar zijn zoon Frank heeft me altijd gezegd dat men die aantekening geforceerd heeft in die richting.' Herman De Croo gelooft het evenmin: 'Zo dom was Lilian niet. Achiel Van Acker heeft trouwens achteraf gezegd dat hij misleid is geweest.' Ook de anonieme getuigen zeggen unisono dat er nooit sprake is geweest van een intieme relatie. Ze bevestigen wel de allesomvattende en autoritaire charme van Lilian, en bijgevolg de bewondering van de jonge Boudewijn voor zijn stiefmoeder.

Het is een feit dat Boudewijn na zijn huwelijk definitief breekt met zijn vader en stiefmoeder. Omdat Boudewijn op dat moment pater familias wordt, moet ook zijn broer Albert hem navolgen. Niemand van de 'tak van Laken' heeft vanaf dat moment nog contact met 'die van Argenteuil'. De enige die nog ontzien wordt, is hun halfbroer Alexander. Het koningspaar heeft nog lange tijd contact met hem, tot Alexander een te liederlijk bestaan gaat leiden. Boudewijn en Leopold worden nog één keer officieel samen gezien op de begrafenis van koningin Elisabeth in 1965, maar het is duidelijk dat er geen warme band meer is tussen vader en zoon.

Een vroegere hofmedewerker die in die jaren goed bevriend is met Lilian, vertelt hoe hij op een dag door haar wordt opgebeld met de vraag om meteen naar Argenteuil te komen: 'Ik trof haar aan in tranen, want ze had net ontdekt dat haar man een relatie had met een vrouw in Parijs.' De troostende uitstap naar Argenteuil levert de hofmedewerker een uitbrander op van koning Boudewijn: 'Ik wil dat u daar nooit meer gaat zonder mijn toestemming.' De medewerker voegt eraan toe: '*Mon Dieu*, na mijn pensioen heb ik gebroken met het paleis. Ik heb er alle kleuren van de regenboog gezien.' Een andere dignitaris stelt ooit aan Leopold een familieverzoening voor. De oud-koning antwoordt droogweg: '*Parlons d'autre chose.*'

GELUKKIGE JAREN | De familieperikelen en politieke problemen werpen een schaduw op de start van het huwelijk. Maar dat tast de onderlinge relatie van het koppel niet aan. Fabiola en Boudewijn zijn dolverliefd en tonen dat voortdurend aan elkaar. Ze zijn ervan overtuigd dat een hogere kracht hen heeft samengebracht. Kardinaal Suenens publiceert later een aantekening van de koning: 'Waarom Heer, hebt Gij hemel en aarde bewogen om mij die kostbare parel te geven, die mijn Fabiola is?'

Zelfs in het openbaar gaan Fabiola en Boudewijn teder en liefkozend met elkaar om, wat in de vroege jaren zestig ongewoon is in koninklijke kringen. In Laken leven ze sober maar intens gelukkig. Ze staan om zeven uur op en gaan naar de mis, die in de neogotische kapel van het kasteel wordt opgedragen door huisaalmoezenier Brown. Na een korte wandeling gaan ze ontbijten in hun appartement op de eerste verdieping van het kasteel. Daarna volgt weer een wandeling. Om negen uur vertrekt de koning om te werken in het paleis in Brussel. Fabiola neemt haar briefwis-

Privé rijden Boudewijn en Fabiola jarenlang met dit kevertje, tot het zowat uit elkaar valt. In dit autootje voelen ze zich gewone mensen.

seling door en schrijft zelf brieven, vaak naar familie en vrienden in Spanje. Daarna gaat ze wandelen of fietsen in het prachtige park met negen vijvers. In de serres snijdt ze verse bloemen af om de woonruimten op te fleuren. Soms gaat ze zwemmen in het – toen nog niet gerestaureerde – tropische zwembad bij de Koninklijke Serres. Niet zelden gaat ze zelf in Brussel boodschappen doen met de witte VW-kever. Intussen heeft ze ook al taalles gekregen van haar secretaris Paelinck, die ook haar leraar Nederlands is. En dat allemaal op een halve dag. Fabiola is een hyperactief type. 's Middags komt Boudewijn over en weer naar huis om samen met zijn vrouw te eten. Na het middagmaal houdt Fabiola geen siësta, wat merkwaardig is voor een Spaanse. Vaak stuift ze onmiddellijk de deur uit om zich aan het goede doel te wijden. Ze bezoekt ziekenhuizen, sociale instellingen, weeshuizen… 's Avonds is ze terug thuis in Laken om te dineren met Boudewijn.

Saaier kan het niet voor een koppel jonge dertigers. Maar het is hun re-

Boudewijn is dol op golfen en vissen. Fabiola houdt van fietsen, tennissen en tafeltennissen. Ze zijn niet erg sportief gekleed, maar ze genieten ervan.

cept voor innig geluk. In het weekend is een partijtje tennis hun dierbaarder dan een societygebeuren. Het damesblad *Marie-Claire* meent in 1963 zelfs te weten wat het koningspaar 's avonds doet. Ze kijken televisie en gaan vroeg naar bed, waar ze voor het slapengaan nog enkele bladzijden lezen uit een literair of stichtend boek. Van andere activiteiten maakt het blad geen melding.

TE VROEG GEBOREN | Hoe intens gelukkig Fabiola en Boudewijn ook zijn, toch voltrekt zich in hun leven een groot drama. Fabiola, die zo dol is op kinderen, heeft meermaals een miskraam of buitenbaarmoederlijke zwangerschap. Het embryo sterft telkens voortijdig af. Misschien zijn Fabiola en Boudewijn zélf te vroeg geboren en hadden ze met de huidige stand van de geneeskunde wel kinderen gekregen.

Het is moeilijk om te achterhalen hoeveel keer en wanneer de koningin een embryo of foetus heeft verloren in de jaren na haar huwelijk. Publicaties en artikels van latere datum zijn daarover tegenstrijdig. Het betrouwbaarst lijken de oorspronkelijke krantenartikels uit de jaren zestig, omdat die dan telkens het nieuws heet van de naald brengen. Zo zijn vier mislukte zwangerschappen te achterhalen. Maar Fabiola zelf laat zich tijdens een recent galadiner in april 2008 ontvallen dat ze vijf kinderen heeft verloren. Over een vijfde zwangerschap is geen informatie bekend. Een getuige uit de dichte omgeving bevestigt wel dat er meer dan vier zwangerschappen zijn geweest.

Midden 1961 is Fabiola een eerste keer zwanger. Het koningspaar reist naar Vaticaanstad om de zegen van de Heilige Vader te vragen. Paus Johannes XXIII spreekt de zegen uit, maar praat na de audiëntie zijn mond voorbij aan de journalisten. In België is er grote verontwaardiging omdat de bekendmaking is gebeurd door de paus. Voor Fabiola komt dat hard aan. Zij is gewoon een vrouw die kinderen wil. Bovendien is het in haar familie gebruikelijk om in een zeer vroeg stadium van de zwangerschap de zegen van de kerk te vragen. Maar zij is koningin en moet de politieke heisa ondergaan. Ze zal nog ergere dingen moeten doorstaan. Al tijdens de audiëntie bij de paus is ze zwak en uitgeput. Kort daarna maakt het hof bekend dat de koningin een miskraam heeft gehad.

Begin 1962 heeft ze een tweede miskraam. Het scenario herhaalt zich in het najaar van 1963. Een Zwitserse gynaecoloog heeft al eerder gewaarschuwd dat zwangerschappen bedreigend zijn voor het leven van de koningin zelf. Maar het paar geeft de hoop niet op. Boudewijn gaat bidden in Lourdes en Fabiola zou een preparaat van een Zweedse professor hebben gebruikt om de eisprong te verbeteren.

In 1961 zorgt paus Johannes XXIII voor beroering in België als hij zijn mond voorbijpraat over Fabiola's zwangerschap.

Op zondag 10 juli 1966 is een spoedoperatie nodig om een buitenbaarmoederlijke zwangerschap te beëindigen. De dokters geven toch nog hoop. Begin 1968 gaat Fabiola, die dan bijna veertig is, het ziekenhuis in om de vergroeiingen na de vorige operatie te laten verwijderen. Daarna zou een nieuwe zwangerschap mogelijk zijn. Maar de hoop is ijdel.

Na acht jaar moet het koningspaar definitief aanvaarden dat er nooit kinderen zullen komen. Zoiets is zwaar voor élk koppel met een kinderwens. Voor Fabiola is er nog een bijkomend drama: zij zal haar geliefde koning geen troonopvolger kunnen schenken. Voor Boudewijn is het de zoveelste opdoffer in zijn leven. Maar hij houdt daarom geen greintje minder van zijn vrouw, integendeel.

STIL VERDRIET | Het is opvallend dat Fabiola en Boudewijn met heel weinig mensen spreken over hun kinderloosheid. Alle getuigen – politici, vroegere medewerkers of andere insiders – zeggen hetzelfde: ze spraken daar nooit over, ze vroegen wel altijd hoe het ging met onze kinderen. Ze getuigen ook dat Fabiola's liefde voor kinderen alomtegenwoordig is. 'Overal waar ze ging in het land, moest er liefst een activiteit met kinderen op het programma staan. Haar liefde voor kinderen kon je ook zien als haar neefjes en nichtjes uit Spanje op bezoek waren.'

Diverse ingewijden wijzen erop dat Fabiola niet alleen psychische maar ook fysieke pijnen heeft ondergaan tijdens en na haar zwangerschappen. Zuster Leontine van het Brusselse Sint-Jansziekenhuis, 'de hofleverancier bij lichamelijke klachten', heeft altijd een warme band gehad met het koningspaar. In het VTM-magazine *Royalty* zegt ze: 'De manier waarop de koningin dat psychische en lichamelijke leed heeft doorstaan, dat zegt veel over haar innerlijke kracht. Zij heeft dat kruis opgenomen en sprak daar nooit over.'

Eén keer doorbreekt de koning het stilzwijgen. Tijdens het Jaar van het Kind in 1979 zegt hij aan een groep kinderen: 'Lange tijd hebben wij ons vragen gesteld over de zin van onze smart. Stilaan hebben we begrepen dat ons hart daardoor vrijer was om te houden van álle kinderen.'

HET PERFECTE KONINGSPAAR | Sinds hun huwelijk zijn Boudewijn en Fabiola een hecht koppel. Ook professioneel vormen ze een perfecte tandem. Minister van staat Wilfried Martens omschrijft hen met een Latijns

Niet te tellen is het aantal Belgische kinderen dat bij Fabiola op schoot heeft gezeten.

Privé loopt het koningspaar altijd gearmd.

citaat: '*Idem velle idem nolle*, hetzelfde willen en hetzelfde niet willen. Zij hadden een volledige eenheid van denken en voelen.' Hadden ze dan nooit eens ruzie? Wilfried Martens: 'Ze waren een uitzonderlijk eendrachtig koppel. Uitzonderlijk.'

Niets wijst op een *mariage de raison*. Ze hebben overigens koosnaampjes voor elkaar, die ze soms gebruiken in het bijzijn van medewerkers. Zo noemen ze elkaar '*chéri*' en '*darling*'. Dat laatste moet beslist schattig hebben geklonken met respectievelijk een Frans en Spaans accent. Ook de naampjes 'Fabi' en 'Bodi' behoren tot het repertoire. Als ze ergens gaan en niemand kan hen zien, nemen ze elkaar vast in de taille. Pas als er publiek bij is, gedragen ze zich formeler. Maar zelfs dan gaan ze lief met elkaar om. In 1965 publiceert het blad *Pourquoi Pas?* een prachtige anekdote. Boudewijn moet enkele weken in quarantaine wegens een besmettelijke geelzucht. Om hem te troosten zingt Fabiola via de telefoon flamencoliederen voor hem. Waar gebeurd of niet, het is een mooi verhaal dat het koppel typeert.

BREUK MET BROER | In 1962, als Fabiola al koningin is, trouwt haar broer Jaime met de mannequin Margit Olson. Hij trouwt niet kerkelijk en daarmee is voor Fabiola de maat vol. Ze breekt met Jaime. Sinds haar huwelijk in 1960 heeft ze hem trouwens niet meer gezien. Jaime's huwelijk loopt uit op een scheiding, maar in 1966 hertrouwt het koppel. Het is alweer een burgerlijk huwelijk. De eeuwige rebel laat de breuk met zijn koninklijke zus niet aan zijn hart komen. In de film *La folie des grandeurs* vertolkt hij aan de zijde van Louis de Funès en Yves Montand de rol van een Spaanse edelman, een '*grande*'. Hij zet een hilarische parodie neer op zijn eigen rang en stand. Fabiola en haar familie zijn voor de zoveelste keer *not amused*.

Het is Jaime's laatste wapenfeit. Zijn fortuin heeft hij erdoor gejaagd. Hij is niet alleen figuurlijk maar ook letterlijk een 'kostelijke' rebel geweest. Nu volgt voor hem een afschuwelijke realiteit: hij moet werken voor de kost. In Marbella gaat hij een nachtclub uitbaten, een kolfje naar zijn hand. Zijn etablissement heet Dancing-Bar Kiss. Het logo toont twee sensuele rode lippen en ook de zetels bestaan uit een rode mond. De verwijzing naar

Salvador Dalí is niet ver te zoeken. Jaime ziet er trouwens uit als Dalí. Op de muren staan rode lippen geschilderd. In zijn bar loopt hij rond in felrode smoking. De drankjes zijn er erg duur, waardoor er vooral elitevolk over de vloer komt. Marbella evolueert in zijn zog van een ingeslapen vissersplaatsje tot een swingend paradijs voor de jetset. Jaime, die zich intussen Fabiolo laat noemen, verplaatst zich uitsluitend met zijn Harley Davidson of zijn witte Rolls Royce. Soms zit hij in geldnood en blijven zijn voertuigen op stal. In dat geval verplaatst hij zich in een piepkleine Seat, maar nooit zonder chauffeur. De chauffeur mist soms een maandloon, maar krijgt de volgende maand driedubbel betaald. Iedereen vergeeft Jaime alles. In de perioden dat hij geld heeft, is zijn generositeit spreekwoordelijk.

VERZOENING MET BROER EN MOEDER | Eind goed, al goed. In 1978 trouwt Jaime kerkelijk met zijn vrouw Margit Olson, waarna koningin Fabiola het bijlegt met hem. Kort daarna eist zijn liederlijke leven een zware tol: hij krijgt een hartinfarct. Fabiola telefoneert dagelijks naar het ziekenhuis in Marbella. Ze reist af naar Spanje en ziet na achttien jaar haar broer terug. De verzoening is een feit. De tot inkeer gekomen Jaime ontvangt een ridderorde in het bijzijn van oudste broer Gonzalo. In de Bijbel staat immers te lezen dat er vreugde moet zijn om de terugkeer van een verloren zoon.

Koningin Fabiola verzoent zich ook met moeder doña Blanca. Met haar moeder heeft ze eerder de banden verbroken, onder meer omdat doña Blanca de fratsen van Jaime bleef tolereren. Bij Ivo Niehe zegt Jaime dat zijn moeder van de trap gevallen is toen ze zwanger was van hem. Ze heeft hem borstvoeding gegeven, als enige van zijn broers en zussen. Ook al keurde doña Blanca zijn levenswandel niet goed, ze behield toch een speciale band met Jaime. Drie jaar na de algemene familieverzoening sterft Fabiola's moeder in Madrid op 88-jarige leeftijd. Ze krijgt een intieme begrafenisdienst, in het bijzijn van de Spaanse koning Juan Carlos en koningin Sofia.

HUMOR TE KOOP | Ondanks alle perikelen zijn Boudewijn en Fabiola vrolijker dan hun imago laat vermoeden. Alle getuigen zijn het erover eens dat Fabiola een bijzonder opgewekt karakter heeft. Ze lacht graag en is een echte spraakwaterval. Haar grootste hobby is met mensen praten. Dat mag voor haar uren duren en ze maakt geregeld grappige opmerkingen.

Herman De Croo omschrijft haar als 'een spitsvondige, schalkse dame, heel *witty*'. Haar persoonlijke secretaris maakt mee dat zij tijdens een diner op de Belgische ambassade in Tokyo een hoog gezelschap een hele avond tranen doet lachen met anekdoten uit haar jeugd.

Na zijn huwelijk is Boudewijn niet langer '*le roi triste*'. Fabiola is het zonnetje in zijn leven en haar humor werkt aanstekelijk. Hij kan net als zijn vrouw gevat en vrolijk uit de hoek komen. Zoals tijdens een staatsbezoek aan Algerije. Er staat een uitstap in de woestijn op het programma. Mark Eyskens, toenmalig minister van Buitenlandse Zaken: 'De koning klauterde op een kolossaal hoge duin en liet zich op zijn broek naar beneden glijden, tot groot jolijt van de koningin. Zij schaterden het uit.' In jongere jaren speelt het koningspaar naar verluidt tikkertje in het kasteel van Laken.

Met zijn oogappel, de kleine prins Filip, speelt Boudewijn vaak spelletjes. Hij laat Filipje met zijn *nanny* de lift nemen en rent dan de trap op om kiekeboe te doen als de liftdeur opengaat. Het koningspaar ontfermt zich overigens niet alleen over Filip, maar ook over zijn zus Astrid en in mindere mate broer Laurent. De relatie tussen prins Albert en prinses Paola is dermate slecht dat Boudewijn en Fabiola als tweede ouderpaar voor de kinderen proberen te fungeren.

SPAANS TEMPERAMENT | Fabiola heeft een pittig temperament en een onvoorstelbare energie en levenslust. Ze doet tien dingen tegelijk en praat oeverloos met iedereen die ze tegenkomt. Ze is eigenzinnig en overdondert mensen. Toch blijft ze altijd lief en charmant. Schiet ze dan nooit eens in een Spaanse colère? Slechts één hofmedewerker herinnert zich een uitval. Tijdens een staatsbezoek met een overladen programma komt Fabiola op een avond afgepeigerd aan in de koninklijke suite van het hotel. 's Avonds

Teder in het openbaar, dat is zelden te zien in koninklijke kringen.

is er nog een galadiner. Fabiola moet zich na een vermoeiende dag opmaken en een galajapon aantrekken. 'Dat zag ze toen even niet zitten, we konden het horen tot verscheidene kamers verder,' aldus de hofmedewerker. Maar geen nood, even later is ze weer de stralende en goedlachse Fabiola.

Koning Boudewijn schrijft in zijn aantekeningen (gepubliceerd door kardinaal Suenens): 'Fabiola is vol enthousiasme en vurigheid. Ze beschikt over een explosieve verbeelding.' Hij verzucht ook tot de Heer: 'Leer mij Fabiola te beminnen door (…) haar ritme te aanvaarden.' De koningin zelf maakt een allusie op haar temperament tijdens de radio- en tv-toespraak bij haar dertigste huwelijksverjaardag. Over haar man zegt ze dat haar geluk onder meer te danken is aan 'het oneindige geduld dat hij met mij heeft'. Er zijn dus wel degelijk verschillen tussen Boudewijn en Fabiola. Tóch zijn ze overduidelijk een perfect paar.

Fabiola stuurt steevast het protocol in de war door eindeloos met mensen te praten.

VERSCHRIKKING VOOR HET PROTOCOL | Problemen om zich aan te passen in België heeft Fabiola niet gehad. Vanaf het begin is ze trouwens heel populair, en dat helpt. Met haar temperament kan ze zich wel moeilijk met het protocol verzoenen. Mark Eyskens: 'Als koningin moest ze rondlopen met – symbolisch dan – een grote kroon op het hoofd. En ze moest zorgen dat die kroon er niet afviel. België is geen makkelijk land voor koningen en koninginnen.' Fabiola vindt al snel een oplossing: ze trekt zich niets aan van het protocol. Een militair die tijdens een plechtigheid voor haar in de houding gaat staan, schudt ze prompt de hand. De man weet zich plots geen houding meer te geven en schudt dan maar mee.

Het resultaat is dat de koningin nog meer door protocolchefs wordt omringd, waardoor ze een nog grotere afkeer krijgt van het formele gedoe. Een vicieuze cirkel. Gaandeweg past ze zich toch aan. Maar één ding leert ze nooit of wil ze nooit leren: ze stuurt altijd de timing in de war, door eindeloos met mensen te praten.

DE KONING, DAT IS DE KONINGIN | Toppoliticus André Cools zei ooit: '*Le roi, c'est la reine.*' Waarmee hij bedoelde dat Fabiola de lakens uitdeelde in Laken. Dat willen slechts weinigen bevestigen. De meeste stellen integendeel dat Fabiola zich nooit met de staatszaken bemoeit. Haar terreinen zijn sociale zaken en cultuur. Voormalig persoonlijk secretaris Bruno Nève de Mévergnies heeft de koningin nooit politieke of ideologische meningen horen uiten. 'De *politique politicienne* interesseerde haar niet. Ze wist er bijna niets over.' Diverse getuigen zeggen dat Boudewijn ook niet zou hebben toegestaan dat Fabiola zich mengt in de politiek. Op een keer zegt hij aan zijn kabinetschef André Molitor: 'Het is toch lastig dat wij met niemand vrijuit over de staatszaken kunnen spreken.' Molitor antwoordt: 'Ik spreek daar met mijn vrouw over.' Waarop Boudewijn zeer verbaasd reageert, bijna gechoqueerd.

Fabiola heeft wel een invloed op Boudewijn inzake morele en maatschappelijke kwesties, daarover zijn de meeste getuigen het eens. Als Fabiola naar het gevoel van de koning te ver gaat in het bijzijn van derden, wijst hij haar terecht: 'Wij mogen daar niet over spreken.' Wilfried Martens: 'Het klopt dat ze over alles een eigen mening heeft, ze heeft daar moeten inbinden.'

Op professioneel gebied stelt Fabiola zich ónder de koning, maar op persoonlijk en relationeel vlak is ze minstens zijn evenknie. Dat heeft onder meer te maken met zijn bewondering voor haar. Een getuige zegt: 'Intellectueel was Boudewijn haar meerdere, maar relationeel was zij een beetje zijn moeder.' Haar eigenzinnigheid en zelfstandigheid zijn daar niet vreemd aan. Wilfried Martens bevestigt dat laatste: 'Ze is een heel zelfstandig type, absoluut zeker.'

Ze houdt zich buiten de politiek, maar voor het overige eist Fabiola haar plaats op naast de koning. Ze is geen doetje.

TOFFE BAZIN | Vrijwel alle vroegere personeelsleden zijn het roerend eens dat Fabiola een goede bazin is. Een gepensioneerde medewerker: 'Ik kan geen enkel slecht woord zeggen over haar. Ik heb nooit botsingen met haar gehad en ze heeft me nooit iets verkeerds gezegd.' Bruno Nève vertelt dat hij een keer met de koningin aanwezig is in een Spaans gezelschap. De voertaal is vanzelfsprekend Spaans. Plots realiseert Fabiola zich dat haar medewerker misschien niet kan volgen. 'Spreekt u Spaans?' vraagt ze. Hij antwoordt dat ze zich geen zorgen hoeft te maken, dat hij het gesprek in grote lijnen kan volgen. Niettemin excuseert Fabiola zich en vraagt het gezelschap om over te schakelen naar het Engels. Zo zit ze in elkaar, zelfs tegenover haar medewerkers is ze attent. Ze spreekt wel iedereen aan met 'meneer' of 'mevrouw', nooit met de voornaam. Een getuige: 'Ze was sympathiek maar ook autoritair. Een beetje paternalistisch.' Toch heeft Fabiola in het paleis de reputatie dat ze een goed hart heeft. Té goed volgens sommigen: 'Het volstaat voor haar dat een personeelslid vriendelijk is.' Ze heeft er alleen moeite mee als het personeel niet aan haar morele normen beantwoordt. Als ze te weten komt dat een medewerkster een buitenechtelijke relatie heeft, zegt ze: 'U mag dat toch niet doen, mevrouw.' Gehuwde personeelsleden mogen niet samen slapen onder het dak van het kasteel. De kamers van ongehuwde mannen en vrouwen moeten ver uit elkaar liggen. Over Fabiola doen jarenlang ook geruchten de ronde dat ze niet tolerant is tegenover homoseksuele medewerkers. Maar een gepensioneerde hoge functionaris aan het hof ontkent dat met klem. Hij heeft weet van minstens twee medewerkers van wie het koningspaar wist dat ze homoseksueel waren en wie toch geen duimbreed in de weg werd gelegd.

Duldt Fabiola ook vrijzinnigen in haar omgeving? Daarover zijn de meningen verdeeld. Sommige getuigen antwoorden volmondig ja, andere zeggen dat ze vrijzinnigen wel duldt, maar een uitgesproken voorkeur heeft voor geloofsgenoten.

HET INTERVIEW | Tot nog toe heeft Fabiola maar één interview toegestaan. De eer valt in 1984 te beurt aan Lutgart Simoens van Radio 2, na bemiddeling van premier Wilfried Martens. 'Interview' is wel een groot woord. Lutgart Simoens heeft de vragen vooraf moeten bezorgen en de koningin leest de antwoorden af van haar handgeschreven spiekbriefjes. Het interview duurt tien minuten, maar veel komen we niet te weten. Dat ze op vakantie graag een Spaanse linzenschotel met chorizo klaarmaakt en dat ze verzot is op bosaardbeien. Dat de koning dol is op ijsjes en sorbets. En dat de koningin heel veel houdt van kinderen, van mensen in het algemeen en van het Belgische volk. Dat is het zowat. Niettemin, de uitgeschreven tekst van het interview wijst uit dat er best wel mooie gedachten in staan over de liefde, het leven, de jongeren. Maar auditief klinkt het allemaal cliché. Dit is niet de spontane Fabiola op haar best.

De echte Fabiola leert Lutgart Simoens kennen ná het interview. Waag het nooit om aan Lutgart een slecht woord over de koningin te zeggen. Want nu komt weer het typische Fabiolatrekje om de hoek kijken. Jaren na het interview ontmoeten de dames elkaar opnieuw. Fabiola begint meteen over de linzenschotel. Ze heeft een fenomenaal geheugen om zich gesprekken met mensen te herinneren. En het moet heus niet gaan om een interview met een mediacoryfee. Ook uit haar ontelbare gesprekken met gewone mensen kan ze zich jaren na datum nog details herinneren.

V.

Moeder
van alle Belgen

EEN GROOT HART | Het sociaal engagement van koningin Fabiola is spreekwoordelijk. Al tijdens haar jeugdjaren in Madrid is ze quasi voltijds bezig voor het goede doel. Nadat ze koningin wordt, steekt ze nog verscheidene tandjes bij. Want nu heeft ze ook middelen, personeel en relaties ter beschikking. Voor Fabiola is het een levensdroom die in vervulling gaat: zich kunnen inzetten voor de zwakke en zieke medemens. Patsy Sörensen van het opvangcentrum Payoke vermoedt dat de koningin misschien wel liever sociaal werkster was geworden.

Het is niet te schatten hoeveel openbare én discrete acties Fabiola heeft ondernomen voor mensen in nood tijdens de voorbije halve eeuw. Een van haar eerste interessepunten in de jaren zestig is de hulp aan mensen met psychische moeilijkheden. Fabiola is ook beschermvrouw van de diensten voor palliatieve zorg, samen met pionierster zuster Leontine. Haar talloze sociale acties opsommen is onbegonnen werk. Als ze ergens een probleem van een individu of een sociale instelling ontwaart, aarzelt ze niet om politici of ambtenaren te stalken. Ze doet dat weliswaar via tussenpersonen, maar haar vasthoudendheid is er niet minder om. Als de tussenkomsten niets uithalen, belt ze oud-premier Pierre Harmel. Die is nu hoogbejaard, maar was in zijn actieve periode de favoriete ombudsman van de koningin.

Fabiola ziet haar rol als koningin volledig op menselijk en sociaal vlak. Zichzelf cijfert ze weg. Aan medewerkers zegt ze herhaaldelijk: 'Ik ben alleen maar een platform voor mensen die een probleem hebben of die iets kunnen bieden aan de maatschappij.'

PRATEN MET MENSEN | Fabiola's interesse voor mensen is al even legendarisch. Ze spitst zich toe op de mens die ze voor zich heeft en vergeet de rest van de wereld. Het gevolg is dat ze zich nooit aan de timing houdt en het protocol grijze haren bezorgt. Fabiola's bezoeken lopen eindeloos uit. Niet zelden moet koning Boudewijn 's avonds alleen eten in Laken. In de winter maakt hij zich zorgen als zijn teergeliefde nog laat onderweg is. Aan haar persoonlijk secretaris vraagt hij elke keer vooraf: 'Meneer Nève, zorg alstublieft dat de koningin en u vanavond niet te laat thuiskomen.' Bruno

Nève de Mévergnies getuigt dat de koning dan streng probeert te klinken, maar zelf weet dat het hopeloos is. Het antwoord is steevast: 'Sire, ik zal mijn best doen, maar u weet hoe dat gaat.' Waarna Boudewijn zich moet bedwingen om niet te lachen. Het is een running gag tussen de koning en de secretaris van zijn vrouw. Een andere oud-medewerker typeert de koningin op bijzonder grappige wijze: 'Ze viel niet te domesticeren.'

Meestal staat er na een bezoek aan een instelling langs de weg een dubbele rij kijklustigen. Fabiola stapt dan meteen op een rij af en begint oeverloos met iedereen te praten. Als ze eindelijk de rij heeft afgewerkt, realiseert ze zich plots dat aan de overkant nog een rij staat. Dus werkt ze ook nog eens die rij af. Intussen doet haar secretaris een uitzichtloze poging: 'Mevrouw, de koning zal boos zijn op ons als we laat thuis zijn.' Maar daar trekt ze zich niets van aan.

GESPEELD OF OPRECHT? | Fabiola is niet onverschillig tegenover haar populariteit en lokt die zelfs uit. Als mensen vragen om te poseren voor een foto, zegt ze: 'Heel graag, ik zal vanavond aan de koning zeggen dat u met mij op de foto staat.' Een oud-medewerker zegt dat ze wel degelijk beseft dat ze populair is, maar dat louter ziet als een hulpmiddel voor haar sociaal engagement. Alle getuigen beamen dat de sociale inzet van Fabiola niet gespeeld maar echt en oprecht is. Een gepensioneerde topdignitaris zegt dat er geen twee Fabiola's zijn: privé is ze net hetzelfde als in het openbaar. Een andere getuige plaatst toch een kanttekening: 'Ze heeft natuurlijk ook wel de belangen van de nv Koninkrijk in het achterhoofd. *To support the corporation.*' Maar zelfs deze getuige voegt eraan toe dat Fabiola's inzet diep uit haar hart komt. Hetzelfde geldt voor koning Boudewijn.

Hoe is de sociale bewogenheid van het koppel te verklaren? Is het een soort christelijke liefdadigheid naar negentiende-eeuws model? Alle getuigen wijzen die hypothese van de hand. Ja, zeggen sommigen, er zit inderdaad een religieuze inspiratie in. Maar zelfs politici uit socialistische hoek zeggen volmondig dat het koningspaar droomt van een wereld waarin alle

Het luisterende oor van Fabiola is overbekend. De interesse is niet gespeeld, maar ze weet best dat ze er het imago van de monarchie mee bevordert.

mensen gelijk zijn en dezelfde kansen krijgen. Een toppoliticus stelt dat Boudewijn en Fabiola socialisten zijn zonder het zelf te beseffen.

Voor Fabiola maakt het niet uit in welk vakje ze wordt gestopt. Onvermoeibaar komt ze op voor de zwakkeren in de samenleving: kansarmen, zieken, mindervaliden. Ze omhelst een aidspatiënt en geeft hem een kus. Een gebaar dat meer taboes doorbreekt dan tien wetenschappelijke publicaties. Als ze een bezoek heeft afgelegd, neemt ze nota's over wat er te doen valt. Ze heeft die gewoonte afgekeken van haar man, die ook alles in een notaboekje opschrijft. Wat Boudewijn in zijn boekjes schrijft, blijft tot op vandaag een goed bewaard geheim. Het zijn wellicht indrukken en ontboezemingen die hij als koning tijdens de beroemde 'colloques singuliers' te horen krijgt. De boekjes van Fabiola zijn pragmatischer. Als ze haar boekjes bovenhaalt, krijgen de medewerkers een verse lading hooi op de vork.

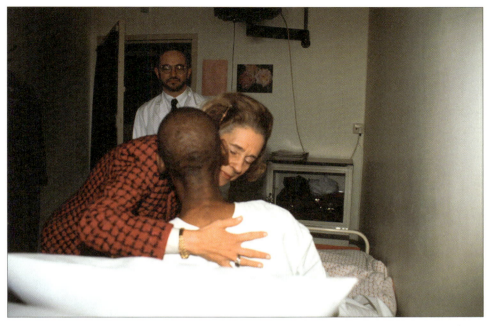

Fabiola omhelst en kust verscheidene aidspatiënten. Een gebaar dat taboes doorbreekt.

Na een bezoek aan een school of een instelling kan ze zich nauwelijks iets van het gebouw herinneren. Maar lang na datum weet ze nog alles over de mensen die ze heeft ontmoet. Aan haar medewerkers zegt ze dan: 'Weet u nog, die dame met die bruine jas?'

SOCIAAL SECRETARIAAT | Het eerste wat Fabiola doet nadat ze koningin is geworden, is haar eigen sociaal secretariaat oprichten. Want veel mensen zijn zo radeloos dat ze als laatste strohalm een brief schrijven naar de koningin. Na enkele jaren ontvangt het secretariaat meer dan vijftig brieven per dag. Dat lijkt onbegonnen werk voor de vijf personeelsleden. Toch wordt elke brief behandeld en beantwoord. Soms volstaat het om de briefschrijver te verwijzen naar de juiste instantie, of zelf die instantie op de hoogte te brengen. Maar vaak gaat het over complexe problemen waar het secretariaat machteloos tegenover staat. De moeilijkste of schrijnendste

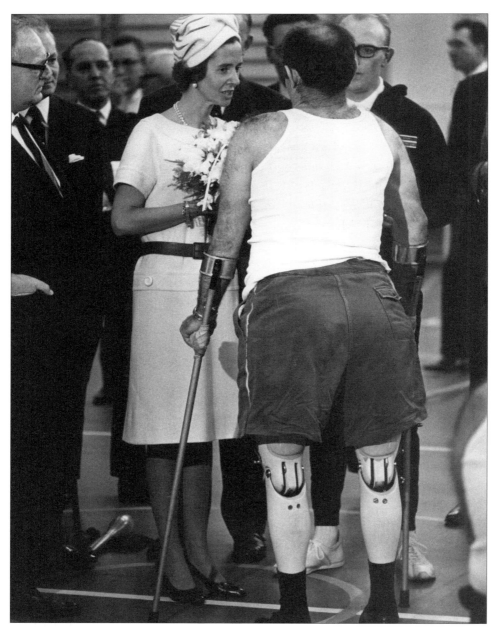

Als Fabiola een hinkende medemens in het vizier krijgt, wil ze meteen zijn hele levens-
verhaal horen. Intussen kijken de medewerkers van het protocol op hun horloge.

brieven worden met de koningin zelf besproken. Na verloop van tijd voert het secretariaat een geordend systeem in. De brieven worden ingedeeld in een honderdtal typeproblemen. Per soort probleem is er een lijst met open- bare of privé-instanties die mogelijk hulp kunnen bieden.

Soms kan het secretariaat weinig meer doen dan een kleine geldsom schenken uit een fonds dat Fabiola ter beschikking heeft. Bij hun huwelijk hebben Boudewijn en Fabiola aan de bevolking gevraagd om geen ge- schenken te geven, maar een som te storten voor een sociaal fonds. Die op- roep wordt niet volledig gevolgd: het bruidspaar ontvangt 4647 geschen- ken. Maar toch ook geldelijke stortingen voor het fonds. Daarna komen er jaarlijks donaties bij. Met die kas kan de koningin hulp verlenen aan men- sen in hoge nood. Gewoonlijk gaat het over 5000 oude franken, zowat 125 euro. Een oud-medewerker zegt: 'Ik geef toe dat het een klein bedrag is. Maar we stelden dikwijls vast dat een gift van de koningin mensen weer hoop gaf om een nieuwe start te nemen.'

Na de invoering van de informatica worden alle brieven gearchiveerd op computer. Zo kan het secretariaat een betere opvolging doen. Het laat de koningin ook toe om huisbezoeken te brengen als ze in de buurt van vroegere briefschrijvers komt.

LANGE TERMIJN | Een verrassend kantje van Fabiola is dat ze altijd strate- gisch denkt met haar sociaal secretariaat. Dat staat in contrast met het beeld dat ze een intuïtief en impulsief karakter heeft. Sociale mistoestan- den wil ze niet alleen remediëren door hier en daar wat geld toe te stop- pen. Ze wil structurele aanpassingen die problemen voorkomen, zodat er in een ideale wereld geen liefdadigheid meer nodig is. Ze denkt dus gron- dig na over haar activiteiten. De medewerkers van het secretariaat moeten hun voorstellen goed motiveren. Kennelijk heeft Fabiola ook aandacht voor de geografische en ideologische spreiding van haar bezoeken in het land. Ze let er goed op dat alle regio's en alle levensbeschouwelijke gezindheden aan bod komen.

In de jaren zeventig worden de OCMW's opgericht en wordt de hulpverlening van de overheid uitgebreider en coherenter. Maar er zijn nog altijd mensen met problemen, die de koningin aanschrijven. Fabiola blijft paraat. Sinds 2006 is het sociaal secretariaat van de koningin opgegaan in een centrale sociale dienst van het paleis, de dienst Requesten. Sommige mensen zijn zo wanhopig dat ze álle leden van de koninklijke familie aanschrijven. Een centralisatie drong zich op, maar Fabiola zal ongetwijfeld nog met weemoed terugdenken aan de tijd dat ze in haar eentje een OCMW was.

OPKOMEN VOOR DE VROUW | Het is niet te verwonderen dat Fabiola, die een zelfstandig type is, zich inzet voor de positie van de vrouw. Speciale aandacht heeft ze voor de plattelandsvrouwen in ontwikkelingslanden. Vrouwen zijn er nog meer dan mannen het slachtoffer van extreme armoede. Zo is ze in de jaren negentig mede-initiatiefnemer van internationale conferenties over de vrouwenproblematiek. Daar doet ze een fel opgemerkte uitspraak: 'Vrouwen worden vaak als objecten beschouwd. Die mentaliteit, die al duizenden jaren in de mens geworteld zit, moet veranderen.' Al in 1992 pleit ze op een conferentie voor kleinschalige kredieten aan plattelandsvrouwen die een landbouw- of ander bedrijfje willen beginnen. Vijftien jaar later is het thema van de microkredieten brandend actueel, onder meer door toedoen van de prinsessen Mathilde en Máxima en de Luxemburgse groothertogin Maria Teresa.

Fabiola en Boudewijn zijn overigens al vroege voorstanders van het opdrijven van de structurele ontwikkelingshulp. Ze willen dat België eindelijk de norm haalt om er 0,7 procent van het nationaal budget aan te besteden. Maar dat is een politieke keuze waar ze geen vat op hebben. Fabiola doet het dan maar op haar manier. Ze kent zowat alle first lady's in de wereld en die zijn dol op haar wegens haar spontane karakter. Ze gebruikt die relaties om intensief te lobbyen, in haar charmante bulldozerstijl. Het is alweer een te ambitieus doel voor één enkele vrouw. Maar hier en daar boekt ze toch resultaten. Want net als zijzelf hebben tal van first lady's invloed op hun *'first man'*. Deze methode van lobbyen via de first lady's wordt jaren later met succes gekopieerd door de huidige koningin Paola. Zij gebruikt haar relaties om een internationaal netwerk voor vermiste kinderen op te richten.

DE KONINGIN SPREEKT | Bij haar zestigste verjaardag in 1988 neemt Fabiola uitzonderlijk in het openbaar het woord. In een toespraak op radio en televisie richt ze zich tot de kinderen en de jongeren. 'Ik weet dat in ieder van u een mysterie leeft en ook een schat verborgen ligt. En wanneer het mysterie stilaan zal opklaren, moet het plaats maken voor grote vreugde.' Het zijn nogal filosofische woorden voor kinderen. Toch zit er een mooie boodschap in verborgen. Ze hoopt dat de kinderen het later in hun volwassen leven ook zullen opnemen voor de zwakkeren. En dat zal hun, net zoals bij haar gebeurde, veel vreugde geven.

30 JAAR AANDACHT | In 1990 wordt Boudewijn zestig jaar en zit hij veertig jaar op de troon. Onder de noemer '60/40' worden grote festiviteiten opgezet. De sociale sector koppelt er een luik aan voor Fabiola, die dan dertig jaar koningin is. De naam van het feest kan niet beter gekozen zijn: '30 jaar aandacht'. Deze keer krijgt Fabiola de aandacht die ze anders zelf geeft. Het wordt een massaal volksfeest in drie grote hallen van de Heizel. Driehonderd organisaties uit de sociale sector – gaande van gehandicaptenzorg tot alfabetisering en opvang van jeugddelinquenten – werken actief mee aan de organisatie. Er zijn talloze sponsors, van de bakkers- en slagersfederaties tot 250 autocarbedrijven. Voor Fabiola is het een onvergetelijke ervaring dat voor één keer niet de koning maar zijzelf in het zonnetje staat.

Die aandacht lijkt welverdiend, afgaand op talrijke getuigenissen. Zo wordt Fabiola omschreven als iemand die gelooft in de goedheid van de mensen, en overtuigd is dat ze vanuit haar positie moet verhelpen aan misstanden in de maatschappij.

BIJBELS GEBAAR | Tijdens een bezoek aan Siena maakt Fabiola een avondwandeling met een vriendin en een medewerker. De vriendin neemt de medewerker even apart en zegt: 'Als u ergens op straat een ouderling of een kind ziet, ga er alstublieft in een grote bocht omheen.' De jonge medewerker vraagt naar de reden, waarop de vriendin antwoordt: 'Het goede hart van Fabiola zal zich openen, maar ik wil deze nacht mijn bed zien.' Zo bestaan er tientallen anekdoten over Fabiola.

Koning Boudewijn heeft een rustiger temperament, maar zijn sociale bewogenheid is er niet minder om. Als een regio in de Ardennen getroffen is door een overstroming, gaat hij het rampgebied bezoeken. In een dorp staat een oude vrouw voor haar deur. De koning spreekt haar aan. Ze heeft geen elektriciteit en verwarming meer, en nauwelijks geld om eten te kopen. Boudewijn roept onmiddellijk de hulp van de burgemeester in. Waarna hij zijn mantel uitdoet – zijn bekende 'groene loden' – en die om de schouders van de oude vrouw legt. 'Hier mevrouw, u kan die mantel beter gebruiken dan ik.' Een minister van vrijzinnige signatuur getuigt dat dit Bijbelse gebaar hem toen zeer aangegrepen heeft. Terug thuis koopt Boudewijn meteen een nieuwe 'groene loden', het koninklijke uniform bij slecht weer en rampen. Na het overlijden van Boudewijn gaat de jas naar broer Albert, die het erfstuk daarna geregeld draagt.

WAAROVER MEN WÉL SPREEKT | Prostitutie is een taboeonderwerp. Niet voor Boudewijn en Fabiola. Over prostitutie op zich spreken ze nooit een moreel oordeel uit. Ze bekommeren zich wel om de vrouwenhandel, die ze als een vorm van slavernij beschouwen. Na artikels daarover van Chris De Stoop in *Knack* krijgt Patsy Sörensen van het Antwerpse opvangcentrum Payoke een telefoontje. De kabinetschef van de koning, Jacques van Ypersele de Strihou, wil haar spreken. Zij leeft op dat moment ondergedoken met enkele gevluchte prostituees die gezocht worden door pooiers en vrouwenhandelaars. De medewerkers van Payoke krijgen doodsbedreigingen. Naar de politie kan ze niet stappen omdat de meisjes illegaal in het land verblijven. Enkele weken later komt de koning op bezoek. 'Met Payoke botsten we al jaren tegen muren,' getuigt Patsy Sörensen niet zonder emotie. 'Maar ineens werden we helemaal anders behandeld door de politici en de politie, er gingen plots deuren open.'

Na het overlijden van Boudewijn denken ze bij Payoke dat de deuren weer dicht zullen gaan. Maar dat is zonder Fabiola gerekend. Zij laat al snel weten dat ze het werk van haar man zal voortzetten. Ze komt op bezoek en haar strijdlust maakt indruk. Wat ook indruk maakt, is dat Boudewijn noch Fabiola ooit de ambitie hebben om een debat over prostitutie te starten. Wel over mensenhandel.

Patsy Sörensen staat bekend als vrijzinnig en meer dan links, wat niet gezegd kan worden over Boudewijn en Fabiola. Geconfronteerd met de vraag hoe haar sterke band met het koningspaar te verklaren is, begint zij minutenlang te wenen. Ten slotte zegt ze: 'Zij zijn zo anders. Zo echt.' Ze voegt eraan toe dat de mensenhandel dankzij Boudewijn en Fabiola op de internationale agenda is gekomen. Geen enkel staatshoofd of politicus heeft hun dat voorgedaan.

VAN SPROOKJE TOT SYMFONIE | Al op jonge leeftijd heeft Fabiola een artistieke aanleg en interesse. Van haar ouders moet ze elke dag een uur musiceren en notenleer studeren. Ze speelt voortreffelijk piano en gitaar, al doet ze daar zelf bescheiden over. Ze zou ook accordeon spelen. Dat is opmerkelijk in haar milieu, want de trekzak is in die tijd nog 'de piano van de armen'. In 1952 deponeert ze bij de Spaanse auteursvereniging twee zelfgeschreven liederen: *Bajo los Castaneros* en *El Puento de los Suspiros*, de brug der zuchten. Dat laatste lied gaat over een gondelier die smacht naar liefde. 'Eenzame gondelier, waar leg je aan zo alleen, voel je je vergeten omdat er voor jou nooit liefde is geweest?' De liedjes zijn ooit verschenen op een vinylplaat die intussen niet meer te vinden is. Fabiola's pseudoniem als componiste is Cleopatra. Een lichte vorm van zelfspot, want het is een verwijzing naar de esthetische correctie aan haar neus.

De jonge Fabiola heeft ook belangstelling voor andere artistieke disciplines, vooral literatuur en schilderkunst. Ze reist Europa rond om de kunst en cultuurgeschiedenis op te snuiven. Ze tekent en schildert ook zelf. En ze schrijft de intussen overbekende sprookjes.

Als koningin brengt ze geen literaire of muzikale meesterwerken meer voort. Voortaan zal ze een andere rol vervullen: de behartiging van het culturele erfgoed en het kunstleven. Ze gaat volledig op in de klassieke concerto's en symfonieën tijdens de Koningin Elisabethwedstrijd.

Ook oude architectuur fascineert haar bijzonder. Zo bezoekt ze verscheidene keren per jaar incognito de steden Brugge en Gent, vaak met Spaanse familieleden. De koningin geeft dan zelf een rondleiding. De opgetrommelde gids staat er werkeloos bij te kijken en kan alleen maar grotendeels beamen wat de koningin vertelt. De jongste tijd heeft Fabiola ook interesse voor moderne architectuur. Vooral de technische kant intrigeert haar. Zo laat ze zich na een concert in het Brugse Concertgebouw nog urenlang inwijden in de architectuur van het gebouw en vraagt ze naar alle technische details.

IN DE VOETSPOREN VAN ELISABETH | Koningin Fabiola neemt in 1965 van koningin Elisabeth de taak over van beschermvrouw van de Koningin Elisabethwedstrijd. De roemrijke en kunstzinnige Elisabeth had samen met haar vriend, de vioolvirtuoos Eugène Ysaÿe, de wedstrijd in 1951 opgericht om jonge muzikanten de kans te geven in de beste omstandigheden hun talent te tonen. Van bij het begin is de muziekwedstrijd een wereldsucces. Niet alleen omdat er veel geld wordt in gestopt, maar ook door het prestige van koningin Elisabeth, die telkens grote indruk maakt op de aanwezigen. Na haar komst in België wordt Fabiola meegenomen door de hoogbejaarde Elisabeth. Gedurende vijf jaar wordt ze op die manier klaargestoomd voor de opvolging. In het Paleis voor Schone Kunsten staat nog altijd het borstbeeld van koningin Elisabeth. Telkens als er een wedstrijdconcert plaatsvindt, wordt een orchidee bij het borstbeeld gelegd omdat Elisabeth zelf bij elk concert zo'n bloem opspeldde.

Fabiola vervult haar taak als erevoorzitster met hart en ziel. Graaf Jean-Pierre de Launoit, de voorzitter van de Elisabethwedstrijd, is vol lof over

Koningin Elisabeth stoomt Fabiola klaar om haar op te volgen als erevoorzitster van de
Koningin Elisabethwedstrijd.

haar. 'Al meer dan veertig jaar heeft ze meer gegeven dan bij een meter-schap de gewoonte is. Ze kent de wedstrijd goed en ze doet soms sugges-ties, die wij opvolgen.'

Fabiola volgt veel repetities. Dan maakt ze urenlang aantekeningen in haar piepkleine notaboekje. De zes wedstrijdconcerten volgt ze allemaal. Minister van staat Willy Claes, die zelf pianist en dirigent is, praat achteraf soms met de koningin over de prestaties van de finalisten. Hij beaamt dat ze altijd geniet van die wedstrijdavonden. 'Ze luistert kritisch en heeft haar uitgesproken mening over de prestaties van de kandidaten.'

Het is een publiek geheim dat prinses Mathilde wellicht haar tante zal opvolgen als erevoorzitster van het concours. Sinds haar huwelijk wordt prinses Mathilde meegenomen op 'rodage', zoals Fabiola destijds werd in-

Op haar beurt neemt Fabiola haar nicht Mathilde mee naar de muziekwedstrijd.
Het is duidelijk dat ze Mathilde ziet als haar opvolgster.

gewijd door koningin Elisabeth. Ook de andere leden van de koninklijke familie blijven nauw betrokken bij de Elisabethwedstrijd. Voor de buitenlandse deelnemers heeft dat een grote symbolische waarde. Zo begint de finaleweek traditiegetrouw met een fotosessie en een lunch voor de internationale jury op het kasteel van Laken. De koninklijke familie komt vaak naar de wedstrijdconcerten, met uitzondering van prins Laurent, die minder voeling heeft met klassieke muziek. Op de finaleavond zit Fabiola nog altijd de hele rit uit, tot in de kleine uurtjes. Enkele weken later reikt ze in de Muziekkapel Koningin Elisabeth in Waterloo de diploma's uit aan de laureaten. Urenlang praat ze dan met de jonge muzikanten, zonder maar iets te eten of te drinken. Ze geeft hun ook tips zoals: 'Je moet altijd glimlachen als je speelt. Want dat is leuk om te zien en muziek is ook iets vreugdevols.'

DE KUNST EN DE KUNSTENAAR | In Fabiola's beleving van de kunst is het opvallend dat de bezieling van de kunstenaar vaak belangrijker is dan de kunst zelf. 'Het is bij haar geen *art pour l'art*,' beaamt de kunstzinnige hofmedewerker Claude de Valkeneer. Hij heeft koningin Fabiola vaak begeleid naar concerten en tentoonstellingen. 'De koningin begrijpt heel goed iemand die origineel is. En ze wil altijd contact hebben met de artiesten, ze wil hen stimuleren. Voor Fabiola is kunst ook een manier om haar spiritualiteit te beleven.' Op die manier zijn ook haar urenlange gesprekken met musici te verklaren. Het woord symfonie betekent samenklank. Voor Fabiola gaat het niet alleen om samenklank tussen muzieknoten, maar ook tussen mensen.

De kunstbeleving kan ze tijdens haar huwelijk moeilijk delen met haar echtgenoot. Boudewijn kent heel weinig van kunst en heeft er ook geen interesse voor. Zo hangen in het kasteel van Laken enkele kopieën van Breugel, waar de koning zelf bijzonder trots op is. Hij vraagt aan Claude de Valkeneer wat hij ervan vindt. Ietwat voorzichtig antwoordt de hofmedewerker: 'Sire, de reproducties zijn mooi. Maar als een staatshoofd of een andere hoge gast hier zou komen, zal hij niet begrijpen waarom u geen originelen in uw eetzaal heeft hangen.' Waarop Fabiola antwoordt: 'Zie je wel! Ik heb het ook gezegd!'

TALENKNOBBEL | Fabiola heeft een talent voor talen. Als kind spreekt ze naast haar moedertaal Spaans al vloeiend Duits en Engels, dankzij de Duitse en Britse gouvernantes in het ouderlijk huis. Op kostschool in Lausanne leert ze Frans. Na haar huwelijk leert ze verbazend snel Nederlands. Diverse getuigen zeggen dat ze ook vlot Italiaans spreekt. Fabiola en ook Boudewijn hebben overigens de gewoonte om alle Belgen in hun eigen taal aan te spreken. Zodra ze merken wat de taal is van de gesprekspartner, schakelen ze onmiddellijk over. Een tweetalige oud-medewerker getuigt dat ze altijd Nederlands met hem spreken, omdat ze weten dat hij oorspronkelijk uit Vlaanderen afkomstig is. Alleen met dialectwoorden heeft de koningin het moeilijk. Na een wedstrijd België-Spanje vraagt Jean-Marie Pfaff of het koningspaar 'pinnekensdraad' heeft moeten plaatsen. Dat woord kent Fabiola niet, maar na toelichting vindt ze het een bijzonder geslaagde *joke* van olijke Jean-Marie.

Met de talenknobbel van Fabiola is het niet te verwonderen dat literatuur haar in grote mate interesseert. Als jonge vrouw leest ze het lichte en romantische genre maar ook de grote werken uit de wereldliteratuur. Haar favoriete boek is en blijft *Don Quichot de la Mancha* van Cervantes. Fabiola en ook Boudewijn hebben het thema in hun hart gesloten. Voelen ze een verwantschap met de edelman die tegen windmolens vecht? Hun liefde voor het boek over Don Quichot verklaart ook hun fascinatie voor Jacques Brel, en meer bepaald diens opera *L'homme de la Mancha*. De aria *Rêver un impossible rêve* staat nummer één in hun toptien. Ze nodigen Jacques Brel uit om de opera in het kasteel van Laken te komen zingen, maar dat slaat de eigenzinnige zanger beleefd af.

De artistieke interesses van Fabiola zijn meestal te verklaren vanuit haar jeugd. Zo houdt ze bijzonder veel van fraai uitgegeven boeken en oude uitgaven in lederen band. Haar vader en grootooms hadden een indrukwekkende collectie historische boeken.

TWAALF WONDERBARE SPROOKJES | Als jonge vrouw publiceert Fabiola *De twaalf wonderbare sprookjes*. De cover tekent ze zelf. Na de publicatie koopt ze zowat de hele oplage zelf op om uit te delen aan haar neefjes en nichtjes en aan de kinderen die ze ontmoet tijdens haar liefdadigheidsactiviteiten. De sprookjes worden na haar huwelijk heruitgegeven in België en vertaald in zeventig talen.

De inhoud is romantisch. Zo schreit een slak hete tranen omdat een andere slak een snotvalling heeft. Een doordenkertje. In diverse verhalen komt een stout jongetje voor dat ietwat van het Jaime-type is. Het jongetje loopt van huis weg uit egoïsme, maar hoort een zo mooi gesprek van sneeuwvlokjes met de wind en de aarde dat het weerkeert naar huis. Herman De Coninck recenseert de sprookjes in 1982 in *Humo*, en hij blijkt – voorzichtig uitgedrukt – niet zo'n grote fan te zijn: 'Dit zijn geen sprookjes maar bekeringsverhalen.' Het zal de Belg een zorg wezen. De sprookjes zijn dan al twintig jaar een bestseller. De Nederlandse vertaling van Lia Timmermans is in 1961 verschenen. De koningin staat de opbrengst volledig af aan het Nationaal Werk voor het Kind. In 1979 verschijnen vier sprookjes op plaat, verteld door Mimi Smith. De plaat is maanden- en zelfs jarenlang een hit. In totaal worden er bijna vijftigduizend verkocht, een oplage waar veel artiesten kunnen van dromen. De opbrengst gaat andermaal naar het goede doel.

Nog het bekendst zijn de sprookjes van hun uitbeelding in de Efteling. Menige Vlaming van de babyboomgeneratie herinnert zich nog de Indische waterlelie die wonderbaarlijk open en dicht gingen. Het

Fabiola tekent zelf de kaft voor haar sprookjesboek. Nadat ze koningin wordt, brengt ze geen tekenkundige of literaire meesterwerken meer voort.
(foto *Ons Zondagsblad*)

gepiep van de mechanische lelies overstemde het geruis en gekraak van de geluidsband. Intussen is de attractie in volle glorie hersteld. Een zalig anachronisme in een modern pretpark. Babyboomers mijmeren er nu nog over hun jeugd, in het gezelschap van hun kleinkinderen.

CULTUUR MET GROTE EN KLEINE C | De koningin houdt niet alleen van de grote kunst. Ook de cultuur uit het volk ligt haar na aan het hart. In Genk combineert ze met koning Boudewijn in één dag de cultuur met grote en kleine c. 's Middags wonen ze in het cultuurcentrum een voorstelling bij van een bekroond toneelstuk van René Swartenbroekx. Achteraf komt een meisje vertellen dat er 's avonds in de Limburghal een schoolrevue plaats heeft. Prompt sleept Fabiola haar man mee naar het schooltoneel. Haar Spaanse familie en vriendenkring neemt ze op sleeptouw naar het volkse marionettentheater van Toone in Brussel. Een tentoonstelling met kunstwerken van 60+-amateurkunstenaars: Fabiola is present. Kunst van vrouwen interesseert haar bijzonder. Maar net zo goed de flamboyante surrealist Jef Van Tuerenhout, bij wie ze een portret bestelt. Voor etnische kunst heeft ze ook een boontje. Alle volkskunst uit de wereld boeit haar, lang voor de wereldmuziek een rage wordt. Folklore is nog zo'n interesse. Ze komt geregeld onaangekondigd wandelen in Bokrijk.

POCO PREUTS | Op hedendaagse kunst heeft Fabiola het niet zo begrepen. Want die kunst is vaak provocerend of seksueel expliciet. Een getuige fulmineert: 'Ze gaat liever pampers uitdelen in een school dan dat ze onze hedendaagse kunstenaars promoot.' De getuige geeft toch toe dat de koningin interesse heeft voor kunst. Wel liefst klassieke kunst en muziek. De choreograaf Maurice Béjart kan er nog net mee door. Het koningspaar houdt van de spiritualiteit in zijn werk en woont zijn creaties bij. Maar als Béjart in *Mon Faust* het personage van de duivel opvoert, krijgt hij toch een opmerking van Boudewijn. Die vindt het niet kunnen. De duivel hoort thuis in de hel en niet op de scène van de Koninklijke Muntschouwburg.

'Zoiets zou Fabiola nooit zeggen, maar ze denkt er net zo over,' zegt een andere getuige.

Geen enkele getuige heeft Fabiola ooit op een schuine mop of onzedige opmerking betrapt. Ze verdraagt dergelijke opmerkingen zelfs niet in haar nabijheid. Seks en bloot doen de koningin huiveren. Bij een bezoek aan het atelier van Paul Delvaux praat ze met de kunstenaar vooral over de poppen die hij op dat moment aan het maken is. Ze rept met geen woord over zijn schilderijen met naakte vrouwenfiguren. Delvaux heeft het niet door en wil haar een schilderij schenken. Er staat een vrouw met ontblote boezem op. Een hofmedewerker raadt de wereldberoemde kunstenaar discreet aan om een ander schilderij te kiezen.

Toch lijkt Fabiola de laatste tijd wat toleranter te zijn. Zo gaat ze tijdens een tentoonstelling in het Museum Dr. Guislain in Gent zelfs met opzet

Een heel zeldzaam beeld: Fabiola in badpak. Op bloot heeft ze het niet zo begrepen.

van dichtbij kijken naar een Afrikaans beeldje dat de overdracht van het aidsvirus op nadrukkelijke wijze uitbeeldt. 'Hoe is het mogelijk!' merkt ze luid lachend op in het bijzijn van tientallen genodigden en perslui. Ingewijden stellen vast dat Fabiola de jongste jaren niet meer zo preuts is als vroeger. 'Het lijkt wel of ze bevrijd is,' luidt het.

VI.

Vintage queen

BIJZONDERE KLEDINGSTIJL | Tijdens Fabiola's beginjaren als koningin bepalen de media nog niet het reilen en zeilen aan het hof. Nu is dat helemaal anders. Door de heerschappij van de beeldpers zijn koninginnen en prinsessen verplicht om modieus voor de dag te komen. Hun glamourgehalte bepaalt de aandacht van de 'boekjes' en daardoor hun populariteit bij de bevolking. De jongste jaren zijn koninklijke bijeenkomsten dan ook halve modeshows geworden. Verscheidene ontwerpers gebruiken hun koninklijke klanten als uithangbord. Zo droeg de Nederlandse prinses Máxima tijdens een buitenlands staatsbezoek in 2007 in avant-première de nieuwe zomercollectie van het modehuis Natan. De collectiestukken werden daarna uitgebreid besproken in de pers.

Met Fabiola zou een dergelijke stunt geruisloos zijn voorbijgegaan. Een echt mode-icoon is ze nooit geweest. Toch valt niet te ontkennen dat Fabiola een eigen stijl heeft. Al is die in vergelijking met de modetrends soms 'bijzonder' te noemen. De stijl die ze doorheen de jaren creëert, oogt wat eclectisch, maar is bepaald origineel. Haar specialiteit is het recycleren van oude kledij die ze ontdekt in haar kasten. Ze draagt haar favoriete stukken verscheidene jaren, zelfs verscheidene decennia. Als de mode zelfs naar haar gevoel te veel veranderd is, laat ze een japon of rok gewoon wat verstellen.

HET FABIOLAKAPSEL | Weinig Belgen kunnen er prat op gaan dat hun kapsel een nationaal begrip is geworden. Het 'gebeitelde Fabiolakapsel' is volgens cabaretier Bert Kruismans de favoriete schietschijf van de verenigde Vlaamse humoristen. Het geeft ook inspiratie aan politici. Jean-Marie Dedecker laat zich tijdens een interview met *Gazet van Antwerpen* ontvallen dat 'met een kapsel als dat van Fabiola, ze de hoofddoek verdorie zouden moeten verplichten'. Radio Donna reikt jaarlijks de Fabiola Cup voor verdienstelijke vrouwen uit, omdat de koningin met haar kapsel een voorbeeld is van standvastigheid en stabiliteit. Nog anderen beweren dat dankzij Fabiola's kapsel het vogelbestand er in Brussel op vooruit is gegaan.

Op jeugdfoto's is te zien hoe Fabiola als peuter al min of meer hetzelfde

De eclectische en zeer 'bijzondere' kledingstijl van Fabiola. Ze draagt kleren waar ze zich goed in voelt en trekt zich niets aan van de mode.

kapsel draagt. Maar dan vallen haar haren iets lager tegen het hoofd. Het beroemde volumineuze Fabiolakapsel ontstaat pas bij haar verloving. Ze krijgt dan zoveel complimenten dat ze deze haarstijl meteen aanneemt als handelsmerk.

Fabiola is overigens niet de enige koningin die nooit van kapsel verandert. Koningin Sofia van Spanje, koningin Elizabeth van Groot-Brittannië en vooral koningin Beatrix van Nederland laten zich al sinds hun jeugdjaren kappen in eenzelfde stijl. Hun standvastige kapsel maakt deel uit van hun imago. Het bevordert de herkenbaarheid, zoals het logo van een firma. Cartoonisten zijn er hun bijzonder dankbaar om.

VAKWERK | Tot de dag van vandaag wordt het haar van Fabiola niet gebrusht zoals nu alom gebeurt, maar in vorm gezet door middel van een 'watergolf' of 'mise-en-plis' volgens de mode van de jaren zestig. Op de capillaire constructie wordt heel veel lak gespoten. Beton komt er – in tegenstelling tot hardnekkige geruchten – niet aan te pas.

De jonge generatie kappers heeft de techniek van het Fabiola-kapsel niet meer in de vingers. Het zijn dan ook twee oudere kappers die al decennialang bij Fabiola over de vloer komen. Zij kappen haar gemiddeld eenmaal per week, soms meer of minder, afhankelijk van haar agenda. Tussendoor werkt ze zelf haar kapsel bij, waar ze naar verluidt bijzonder handig in is.

In de jaren zestig en zeventig experimenteert Fabiola heel uitzonderlijk met de hoogte van haar kapsel. Eind jaren zestig laat ze zich zelfs eventjes leiden door de modetrends. Op een operapremière in 1969 verschijnt ze zelfs met een vorm van extentions, toen een 'postiche' genoemd. Haar kapsel ziet er dan erg indrukwekkend uit. Even later wordt ze gezien met een soort tulband, die dan erg in is. Maar dat zijn uitzonderingen. Enkel de kleur van haar kapsel verandert door de tand des tijds. Begin jaren negentig neemt ze, zoals veel bejaarde dames, een blauwe spoeling. Daardoor slaan haar grijze haren wat blauwachtig paars uit.

Tegenwoordig draagt Fabiola vaak een kleine kam of speld in het haar.

Typisch Fabiola: in het haar twee kammen zonder functie, aan de pols het veel te grote horloge van Boudewijn. Voorts een mix van echte juwelen en '*faux bijous*', en een vintage bontjas.

Zo'n kleinood heeft geen functie en is enkel ter verfraaiing aangebracht, want door de lak kan het haar geen millimeter bewegen. Intussen al bijna een halve eeuw. Toch beweren haar kappers dat het volume in de loop der jaren geruisloos enkele centimeters is ingedaald. De golfbeweging is dezelfde gebleven, maar valt naar beneden toe iets groter uit, terwijl de krul naar buiten verminderd is. Een van haar kappers heeft al enkele keren voorzichtig gesuggereerd om meer variatie in te voeren. Maar Fabiola zou zichzelf niet zijn als ze ook daarin geen eigen mening heeft. Ze onderbreekt hem meteen: 'Mijnheer, ik ben waarschijnlijk geen wandelende publiciteit voor u, maar ik voel me goed zo en voor mij is dat perfect.'

VEELBELOVENDE START | Fabiola's moeder en grootmoeder aan moeders kant waren bijzonder elegante en modebewuste dames. Bij Fabiola is dat anders. Kledingontwerpers worden niet rijk van haar. Met haar bekende zuinigheid koopt ze weinig kleren.

Haar vestimentaire carrière begint nochtans veelbelovend. Op haar huwelijksdag draagt ze een bijzonder koninklijk ontwerp van Cristóbal Balenciaga, het grote voorbeeld van bijna alle ontwerpers die na hem komen. De grootmeester van de haute couture is in 1895 geboren in een eenvoudige vissersfamilie in Guetaria, de stad waar Fabiola's moeder drie jaar eerder het levenslicht zag. Het verhaal gaat dat Balenciaga op dertienjarige leeftijd op een zondag bij het verlaten van de kerk verrukt is over de jurk van een plaatselijke markiezin. En die is niemand minder dan de grootmoeder van Fabiola. De markiezin stelt de jonge Balenciaga voor om een kopie te maken van haar jurk en die op te sturen naar de oorspronkelijke ontwerper, Decroll in Parijs. Zo wordt zijn talent opgemerkt. Hij mag bij het modehuis aan de slag als leerjongen en klimt al snel op.

Na zijn doorbraak blijft Balenciaga de huisontwerper van Fabiola's familie. Zo ontwerpt hij de groene japon die ze draagt op haar debutantenbal in 1946. Het ligt dan ook voor de hand dat de toekomstige Belgische koningin haar huwelijksjapon door de haute-couturekunstenaar laat ontwerpen. Volgens Suzy Menkes, de legendarische modejournaliste van de *Herald*

Tribune, is Fabiola's bruidsjapon een meesterwerk: simpel van lijn en groots in zijn eenvoud. De japon is gemaakt van ivoorkleurige zijde, aan de schouderlijn en aan de sleep afgewerkt met een boord in hermelijn. In de maanden na het huwelijk trouwen veel bruidjes in een goedkopere kopie. In 2003 schenkt Fabiola haar trouwjapon aan het Balenciagamuseum in Guetaria, dat overigens gehuisvest is in het paleis van Aldamar, ooit eigendom van Fabiola's familie aan moeders kant. Samen met de ontwerpers Yves Saint Laurent, Gianfranco Ferré en Emanuel Ungaro is Fabiola een van de sponsors van de Stichting Balenciaga. De huwelijksjapon van Fabiola is in 2006 een van de blikvangers op de grote retrospectieve tentoonstelling van Balenciaga.

HAAR EIGEN TOETS | Voor ze aan haar koninklijke taak begint, laat Fabiola een exclusieve garderobe maken. Die bestaat uit een twintigtal jurken en mantelpakjes van het modehuis Dior en enkele Spaanse ontwerpers. In het begin vindt ze het uiterst avontuurlijk om voor het eerst aandacht te besteden aan haar uiterlijk. Als jonggehuwde vrouw wil ze er voor haar man aantrekkelijk uitzien. Ze beseft ook dat haar status vereist dat ze goed gekleed voor het volk verschijnt. Maar ze vindt het vreselijk om daar zoveel geld aan uit te geven. Want het is in de jaren zestig nog niet de gewoonte dat kledinghuizen hun creaties schenken aan celebrity's. Koninklijke klanten krijgen ook nu nog niet van elk huis hun kledij gratis, maar met een beetje lobbyen zit er meestal een fikse korting in.

Geen enkel modehuis staat te springen om Fabiola als uithangbord te gebruiken. Ze mag bij de modehuizen wel geregeld kledingstukken lenen voor speciale gelegenheden. En dat brengt haar op een idee. De prijsbewuste koningin laat tijdens die periode van bruikleen de dure ontwerpen door haar eigen kleermaaksters namaken. Daarna worden de originele creaties netjes teruggebracht. Lang voor het een rage wordt, draagt Fabiola dus al kopieën van dure merkkledij. Het hoeft geen betoog dat deze '*copy paste*'-techniek de modehuizen tot wanhoop drijft.

Bovendien heeft Fabiola een eigen idee van styling, geheel in overeenstemming met haar persoonlijkheid. Zo combineert ze vol overgave de rok van het ene ensemble met het jasje van een ander. Van een rok met twee stroken laat ze om onduidelijke redenen een rok met drie stroken maken. 'Soms liep ze er goed bij,' merkt een stijlvolle hofmedewerker op, 'maar andere keren vroeg ik me af: waar heeft ze dit nu weer vandaan?'

Fabiola zelf is bijzonder zelfverzekerd over haar gevoel voor stijl en duldt geen advies. Zo herinnert een andere hofmedewerker zich hoe hij voorzichtig suggereert dat de koningin voor een internationaal congres in Genève best een klassieke tailleur zou dragen. Tot zijn tevredenheid verschijnt Fabiola inderdaad met een sober mantelpakje, dat goed overkomt op de foto's en de televisiebeelden. Als hij daarover zijn goedkeuring uitspreekt tegenover de koning, antwoordt Boudewijn: 'Maar ze heeft wel niet geapprecieerd dat u haar dat opgedrongen heeft.' Toch lijkt de koningin dan weer gevleid als dezelfde hofmedewerker haar persoonlijk een compliment geeft over haar verschijning in Genève.

DEFTIG EN ZUINIG | Voor de fatsoenlijke en spaarzame koningin is kledij over het algemeen een noodzakelijk kwaad. In haar ogen heeft mode ook iets lichtzinnigs. Mooie kleren doen haar denken aan de andere vrouwen in de Belgische koninklijke familie. Haar stiefschoonmoeder Lilian en schoonzus Paola zijn voor haar allesbehalve stichtende voorbeelden. Vooral prinses Lilian spendeert fortuinen aan haar uiterlijk. Zo laat de vrouw van Leopold minstens vijftig haute-couturecreaties maken die per stuk het equivalent van een gezinsauto kosten. Als de prinses naar Parijs gaat om te winkelen, maakt dé toonaangevende ontwerper van dat moment – Christian Dior himself – zich vrij om Lilian creaties te laten passen en met haar te lunchen. Ze is ook een trouwe klant van de juweliers Cartier en vooral Van Cleef & Arpels op de Place Vendôme. Zelfs voor haar hobby's, zoals paardrijden, laat Lilian onvoorstelbaar luxueuze accessoires maken. Zo vervaardigt het huis Hermès allerlei ruiterattributen met de initialen L&L van Leopold en Lilian. Ze rijdt rond in een azuurblauwe Ferrari die voor haar met de hand is gebouwd door Enzo Ferrari zelf. Op welke luxueuze voet Lilian leefde, komen de Belgen pas na haar dood te weten ter gelegenheid van binnen- en buitenlandse veilingen. Maar Fabiola is de spilzucht van Lilian al langer bekend.

Ook schoonzus Paola komt modieus voor de dag, zij het in meer betaalbare prêt-à-portercreaties. De knappe Paola schminkt zich, volgt de mode op de voet en draagt in de jaren zestig en zeventig uiterst korte minirokken en hotpants. Deze outfits moeten in Fabiola's ogen bijzonder wulps en zelfs ordinair zijn overgekomen.

BONT EN BLAUW | De lievelingskleur van Fabiola was en is koningsblauw. Zo heeft ze een koningsblauw geruit mantelpakje gedragen tot het werkelijk versleten was tot op de draad.

De jongste jaren is ze een stuk modebewuster geworden. En ze luistert meer naar specialisten. Ze draagt nog zelden het harde koningsblauw, nadat haar is verteld dat pastelkleuren een dame van haar leeftijd meer flatteren.

Intussen recycleert ze nog altijd stukken die al jaren oud zijn. Haar motto is kennelijk: als je maar lang genoeg wacht, wordt alles weer mode. Zo wordt Fabiola in 2006 tijdens het staatsbezoek van de Nederlandse koningin opgemerkt met een kleurrijke avondjapon die ze ook al droeg in 1967 toen de groothertogen van Luxemburg op staatsbezoek waren. Waarmee de koningin andermaal bewijst dat kledij vier decennia kan meegaan als je er goed voor zorgt. Zo draagt ze nog altijd zonder verpinken haar bontjassen. Het leverde haar ooit een nominatie op als 'dom bontje'. Maar zoals gewoonlijk trekt ze zich daar niets van aan. Niets vindt ze zo warm tijdens een winteravondje uit als haar bruine bonten cape. Ze is zelfs een van de enige dames in België die nog astrakan draagt. Omdat dit zwart gekrulde bont vervaardigd is uit de pels van pasgeboren lammeren, wordt bijna enkel nog namaak verkocht. Maar Fabiola heeft het astrakanjasje al tientallen jaren in de kast hangen en het kwaad is toch al geschied, vindt ze. Ze heeft het jasje onlangs laten verfraaien met een zilveren lintje. Het geeft haar zowaar een frivole toets. Dit combineert ze passend met zilveren ket-

Koningsblauw is haar lievelingskleur. Dat trekt ze soms consequent door, zoals hier op de verloving van Laurent en Claire in 2002.

De mode-iconen Mathilde en Máxima in 2006, met tussen hen in de frêle Fabiola in een vintage japon uit 1967. Fabiola is zuinig op haar kleren.

tingen en een zwarte broek. Want nadat ze zich jaren heeft verzet tegen een lange broek, is ze daar nu een fervente voorstander van.

BESCHEIDEN JUWELENKISTJE | In vergelijking met de andere Europese vorstenhuizen bezit de Belgische koninklijke familie weinig juwelen. De Britse koningin heeft tientallen diademen, halskettingen en broches, bezet met de kostbaarste diamanten. Zelfs Camilla, de echtgenote van de Britse kroonprins Charles, bezit al een indrukwekkende juwelenkoffer. Ook de Nederlandse prinsessen en koningin kunnen naar hartenlust juwelen kiezen volgens hun gemoed en de kleur van hun kledij. Daarmee vergeleken is de juwelenkist van Fabiola niet indrukwekkend.

Het eerste juweel waarmee Fabiola zich in ons land vertoont, is een broche die prinses Lilian uit haar persoonlijke collectie had geschonken. Fabiola draagt het sierstuk op een flessengroen mantelpakje tijdens de eerste Blijde Intrede in Brussel. Het is een kostbare broche, bezet met parels, briljanten en edelstenen. Na de breuk met haar schoonouders ziet het kleinood nooit meer het daglicht.

Op de dag van haar huwelijk draagt ze het diadeem van de negen provinciën. Het is nog afkomstig van Boudewijns moeder, koningin Astrid. Die kreeg het indrukwekkende sieraad van het Belgische volk in februari 1927, vier maanden na haar huwelijk. Dankzij een nationale intekening kon toen een oogverblindend diadeem worden gemaakt. Het bestaat uit elf grote solitairen die symbool staan voor de (dan) negen Belgische provincies en Congo, verenigd rond het koningshuis. Het diadeem is volledig demonteerbaar zodat het op verschillende manieren kan worden gedragen. Prinses Lilian vertoonde zich zelden met het diadeem omdat het te nauw verbonden was met de nagedachtenis van de eerste echtgenote van haar man. Daarom schenkt Leopold III het diadeem aan Fabiola, de dag voor haar huwelijk. De eerste tien jaar van haar huwelijk schittert de koningin ermee op ceremonies in Brussel en in het buitenland. Vaak laat ze de grote briljanten verwijderen om het diadeem wat lichter te maken. Soms draagt ze de stenen aan een gouden halsketting. Na tien jaar ver-

Fabiola's huidige kledingstijl is een stuk stijlvoller. Nu draagt de koningin-weduwe ook lange broeken, maar ze ziet nog altijd geen graten in bont.

dwijnt het diadeem om onbekende reden bijna twee decennia lang in Fabiola's juwelenkist. Na de dood van haar man staat Fabiola het diadeem van de negen provinciën af aan de huidige koningin.

BEETJE FOUT PRONKSTUK | In de juwelenkist van Fabiola is toch nog een uitzonderlijk sierstuk achtergebleven. Ze kreeg het bij haar huwelijk cadeau van de echtgenote van de toenmalige dictator Franco, uit naam van de Spaanse regering. Het is een immens diadeem dat het hele hoofd omvat. Dit type kroondiadeem was bijzonder populair in de negentiende eeuw in Spanje. Zowat alle grote Spaanse families beschikken over een identiek exemplaar. Het bestaat uit drie sets van stenen: aquamarijnen, robijnen en smaragden. Het kan volledig worden omgevormd, zodat het lijkt of de koningin telkens een heel ander juweel draagt. De blaadjes van het diadeem kunnen ook als hangertjes gedragen worden. Het feit dat het stuk nog van Franco afkomstig is, houdt Fabiola niet tegen om het nog geregeld te dragen tijdens galadiners. Ze draagt het exuberante juweel nooit meer in zijn geheel, maar de omvang valt nog altijd groot uit bij haar huidige tengere gestalte.

Fabiola bezit ook een fijner en eleganter diadeem, geschonken door enkele vooraanstaande Belgische industriëlen. Het bestaat uit 205 diamanten en werd vervaardigd door de Brusselse juwelier Wolfers. Het kan ook als halsketting gedragen worden, maar dat gebeurt niet zo vaak. Van de stad Antwerpen kreeg Fabiola een platina armband, versierd met briljanten en diamanten. Tijdens officiële bezoeken in het buitenland kreeg ze vaak een kostbare broche als geschenk.

Boudewijn was een attente echtgenoot die zijn vrouw graag juwelen schonk, zoals een enorme aquamarijn die ze vaak aan een ketting met grote diamanten schakels droeg. Voor haar zestigste verjaardag liet Boudewijn bij Wolfers een ring met een robijn maken.

Fabiola heeft altijd een zwak voor parels gehad. Ze bezit onder meer een schitterend driedubbel halssnoer met witte parels, dat ze vaak combineert met lichte oorhangers.

116

Op de vooravond van haar huwelijk draagt Fabiola het diadeem dat ze van Franco heeft gekregen.

Bekend om haar eclectische smaak schrikt ze er niet voor terug om ook grote etnische of fantasiejuwelen te dragen. Zo wekt ze tijdens een staatsbezoek aan Nederland heel wat opzien met een enorme halsketting bestaande uit veertig goudstukken.

In vergelijking met de gemiddelde vrouw valt het juwelenkistje van Fabiola dus best wel mee. Maar van een collectie als de Britse *crown jewels* en familiejuwelen kan het Belgisch koningshuis alleen maar dromen. Koningin Paola moet het met nog veel minder blingbling stellen dan Fabiola. Dat compenseert de huidige koningin door haar uiterst elegante kledingstijl die schittert door zijn eenvoud.

ÉÉN FAVORIET ACCESSOIRE | Koningin Fabiola draagt zelden een hoed. In de eerste plaats omdat haar stugge kapsel zich moeilijk in een hoofddeksel laat wurmen, maar ook omdat de hoed tijdens haar gloriejaren grotendeels uit het modebeeld is verdwenen. Hoedenwinkels moeten één voor één de deuren sluiten. Het is koningin Paola die bij het huwelijk van prinses Astrid in 1984 de hoed nieuw leven inblaast. Sindsdien staat de hoed weer op de dresscode. Fabiola volgt soms noodgedwongen, maar probeert er zoveel mogelijk aan te ontsnappen. Zo is zij op de Nationale Feestdag steevast de enige van de koninklijke familie die zonder hoofddeksel ten tonele verschijnt. Zelfs in de winter, op Koningsdag in november en de jaarlijkse herdenking van de afgestorven familieleden midden februari, trotseert de koningin-weduwe zonder hoed de bittere kou, dankzij haar isolerende kapsel. Evenwel, op het huwelijk van prins Filip in 1999 verbaast ze de natie met de meest gedurfde hoed van alle koninklijke gasten. Het pronkstuk doet onwillekeurig denken aan de vogel Pino uit *Sesamstraat*. Maar stylisten zijn bijna unaniem lovend over haar brede creatie met struisvogelveren.

Stiletto's zijn nooit aan de koningin besteed geweest, ook niet in vroegere jaren, toen ze nog geen last had van gewrichtspijnen. Nu nog draagt ze bij voorkeur makkelijke schoenen met een kleine blokhak. Toch huivert ze van het type orthopedische schoenen waarmee veel dames van haar leeftijd zonder blikken of blozen door het leven stappen. Zelfs op tachtigjarige

Fabiola draagt zelden een hoed, maar op het huwelijk van prins Filip pakt ze uit met het meest opgemerkte hoofddeksel van alle hoge gasten. Het doet onwillekeurig denken aan Pino uit *Sesamstraat*.

leeftijd wil de koningin er nog elegant uitzien, zij het geheel in haar eigen stijl.

Fabiola is geen verwoede *afficionada* van handtassen. Ze heeft meestal een klein zwart of beige tasje over haar schouder hangen. Het is verbazingwekkend hoeveel spullen ze in zo'n kleine handtas krijgt. Zo heeft ze steevast een notaboekje mee, een pen, een grote gsm (oud model), een leesbril en een kleine huisapotheek.

Er is maar één accessoire waar Fabiola uitzonderlijk veel belang aan hecht: het polshorloge van haar overleden echtgenoot. Dat draagt ze altijd, zelfs tijdens galadiners in een ietwat vreemde combinatie met een avondjapon. Het horloge is een uniek exemplaar omdat het elk uur een signaal geeft. Koning Boudewijn heeft het zo laten maken omdat hij ieder uur aan het bestaan van God wilde worden herinnerd. Nu hangt het grote mannenhorloge losjes rond de smalle pols van de koningin, maar voor geen goud ter wereld wil ze er iets aan laten veranderen. Het horloge doet haar niet alleen aan het bestaan van God denken, maar vooral aan haar overleden geliefde en aan het hiernamaals waar ze hem zal terugzien.

DE EENVOUD ZELVE | Al vanaf hun huwelijk leven koning Boudewijn en koningin Fabiola bijzonder sober. Hun appartement in de linkervleugel van het kasteel in Laken oogt ouderwets en donker. Ze hebben wel een soort bungalow in een bijgebouw. De bungalow is wat aangenamer en smaakvoller ingericht. Maar dan nog: een tafel, stoelen, enkele zetels en kasten volstaan voor het koningspaar.

Op bezoek bij vrienden aan de kust wil Boudewijn een wandeling maken in het Zwin. Onderweg vraagt hij de gastheer om even door het Zoute te rijden, 'om te zien waar de rijke mensen wonen'.

Als Fabiola alleen onderweg is en 's middags niet thuis kan eten, laat ze haar chauffeur stoppen op een parking en haalt ze haar boterhammetjes boven. Dat doet ze trouwens nog altijd, ook als ze met familie op stap is. Dan smeert zij in de auto boterhammen voor de hongerige neven en nichten. Het koningspaar heeft de reputatie erg zuinig of zelfs een beetje gierig

Fabiola heeft slechts enkele, kleine handtassen. Maar wat ze erin krijgt, is verbazingwekkend: een notaboekje, een pen, een leesbril, een gsm en een huisapotheek.

te zijn. Enkele getuigen spreken dat tegen. Ze zeggen dat de soberheid niet te wijten is aan gierigheid of religieuze zelfkastijding, maar gewoon aan het feit dat het paar geen behoefte heeft aan luxe. Een typerende anekdote uit de mond van een vroegere medewerker: 'Als het koud weer was, zette de koningin enkele flessen melk buiten op de vensterbank. Ze vond dat gezelliger en huiselijker dan melk uit de koelkast. Het was wel een raar gezicht: melkflessen voor een raam van het kasteel van Laken.' Ook een vreemd gezicht is de fietsende Fabiola in het kasteel. Omdat de afstanden tussen de verschillende ruimtes zo groot zijn, heeft de immer praktisch denkende koningin er een minifiets klaarstaan.

GEEN BOURGONDISCHE STIJL | Qua eten en drinken is de levensstijl van Boudewijn en Fabiola op het randje van het ascetische af. Dat is ook te zien aan hun slanke figuur. Pomerol is de lievelingswijn van Fabiola. Maar of ze die vaak drinkt? Wilfried Martens: 'Als ik privé werd uitgenodigd om te lunchen in Laken, serveerde de koning mij wijn. Maar hijzelf en de koningin dronken water.' Bij hun huwelijk in 1960 krijgt het paar duizend flessen Hospice de Beaune cadeau. Veertien jaar later zegt hun kok aan grootmaarschalk Herman Liebaers dat er intussen veertien flessen van zijn opgedronken.

Hun gewezen koks, onder wie Lieven Defieuw uit Gullegem en de vermaarde Felix Alen, vertellen dat het koningspaar zeker niet kieskeurig is bij de maaltijd. Ze lusten vooral de eenvoudige burgerkeuken en de klassieke Franse keuken. Zelden vragen ze Spaanse gerechten. Ook niet als er familieleden van Fabiola op bezoek zijn, wat dikwijls het geval is. Het kasteel van Laken krijgt de bijnaam van 'auberge espagnole'. Maar de Spaanse familie moet eten wat de Belgische pot schaft. Alles moet fijn klaargemaakt zijn, maar niet in overdadige porties. Bij het ontbijt gaan ze wel uit de bol met huisgebakken broodjes en croissants. Kok Lieven Defieuw is daarvoor al om zes uur 's morgens in de weer.

Als Fabiola uithuizig is, gaat Boudewijn naar de keuken en vraagt samenzweerderig aan de kok om een entrecote met sla en frietjes te maken.

Het koningspaar leeft ascetisch. Een croissant, een toastje en een kop koffie uit de thermoskan, meer moet dat niet zijn.

Belgischer kan het niet. Topchef Felix Alen: 'Ook stamppot – *stoemp* – stond op het menu. Of rodekool en worst, maar wel op een fijne manier bereid.' Fabiola verschijnt niet vaak in de keuken. Boudewijn wel, met zijn wonderbaarlijke visvangsten uit de vijvers rond het kasteel. Trots staat hij dan te kijken hoe zijn vangst de pan in vliegt. Fabiola is trouwens verzot op visgerechten, maar we komen niet te weten of dat ook geldt voor de vangsten van Boudewijn. Ze is tuk op gerookte zalm. Maar nog het meest verzot is ze op zoete nagerechten. Souffléflensjes, desserts met peren en pralines. Maar geen desserts met likeur bereid. De alcohol is er te veel aan. Zo kennen we Fabiola weer.

RUSTIGE VAKANTIES | De vakantieverblijven van het koningspaar zijn evenmin exuberant. In België gaan ze vaak naar het domein van Ciergnon in de Ardennen. Het kasteel is er ongezellig, maar het is hen te doen om de omringende natuur. Hetzelfde geldt voor hun vakantiehuis in Opgrimbie. Het landhuis is sober ingericht, maar mooi gelegen in het bronsgroene Limburg.

In Spanje hebben Boudewijn en Fabiola een vakantiehuis in Motril aan de Costa del Sol. Het huis is binnenin kaal, bijna kloosterachtig, maar heeft uitzicht op de zee. Ze gaan ook graag naar het Baskische stadje Zarauz, waar Fabiola haar jeugdvakanties doorbracht. Ze betrekken er een vakantiewoning, de Nordica. De villa is bescheiden, maar ligt op een heuvel met uitzicht op de bergen en de zee. Dat is een constante bij het koningspaar. Hun vakanties willen ze in de natuur doorbrengen. Vlakbij Zarauz ligt het vissersplaatsje Guetaria, waar ze graag langs de kade kuieren. Ze eten er vis, want Fabiola en Boudewijn zijn overtuigd dat je alleen aan zee verse vis vindt. Hun enige vakantieluxe – nou ja – is de Avila, een ouderwets jachtje van amper twintig meter lang.

Het hoogtepunt van een vakantiedag is het bijwonen van de ochtendmis. Daarna gaat Boudewijn graag vissen of golfen. Samen maken ze natuurwandelingen. Er zijn koningsparen die méér luxe en ambiance om zich heen willen.

KLEINE PLEZIERTJES | Ook thuis in Laken heeft het koningspaar geen behoefte aan dure hobby's of decadente uitspattingen. Een partijtje biljart met zijn tweetjes is al een feest. Boudewijn is een bewonderaar van Raymond Ceulemans, die hij de beste biljarter ooit noemt. Ceulemans heeft nog een partijtje gespeeld met de koning en zegt dat die een heel mooi gemiddelde haalt op de drieband. Maar de vorst zegt toch: 'Mijnheer Raymond, u bent een strenge professor.'

's Nachts naar de sterren kijken is een andere hobby van Boudewijn. Een getuige: 'Als de koning 's morgens geeuwde, dan wisten we dat hij naar de sterren had gekeken.' Het is niet bekend of ook Fabiola meekijkt naar de sterren. Vermoedelijk niet, want urenlang stilzitten is niet haar ding.

Een gezamenlijk genot van het koningspaar is met de fiets of de auto rondrijden in het uitgestrekte park van Laken. Auto's zijn een passie van de koning. Dat is een traditie in de koninklijke familie, maar voor Boudewijn hoeven het geen sportwagens te zijn. Als premier Wilfried Martens in 1983 een hartoperatie ondergaat, stelt de koning voor de herstelperiode zijn vakantiehuis in Opgrimbie ter beschikking. Op een dag komt hij de premier bezoeken met zijn kleine Volkswagen. De premier is verrast dat de koning helemaal alleen is gekomen en vraagt: 'Wat als u een ongeval zou hebben?' Wilfried Martens vertelt dat de koning opfleurt als hij dat vraagt. 'Hij genoot ervan om eens een gewone mens te kunnen zijn.' Na het bezoek van paus Johannes Paulus II aan België in 1985 hebben de koning en premier Martens de paus uitgeleide gedaan op de luchthaven van Bierset. Tegen de verwachting in is het pausbezoek een groot succes geworden in België. Terug in Laken is de koning zo gelukkig dat hij Martens voorstelt om een ritje te doen met de auto. 'Hij reed met me rond in het park van Laken!'

Prins Filip te gast in Ciergnon. Boudewijn wil Filip kneden naar zijn evenbeeld. Hij probeert hem ook de passie voor het biljarten bij te brengen, maar dat lukt niet zo goed.

MEDISCHE INTERESSE | Fabiola heeft een grote interesse voor geneeskunde. Bij Boudewijn is het net zo. Het schijnt een trekje van de Coburgers te zijn. Fabiola zet de traditie voort. Een getuige: 'Zeg nooit aan Fabiola dat je een kwaaltje hebt. Want dan overstelpt ze je dagenlang met tips en adressen van dokters en genezers. Prinses Astrid heeft dat ook, die is ook zo bezorgd.' Een andere getuige heeft dezelfde ervaring: 'Fabiola is een medische databank. Maar het is niet altijd de meest officiële geneeskunde waar ze mee uitpakt. Ze kent ook veel volkswijsheden over medische kwesties.' Er is zelfs sprake van enig bijgeloof.

VII.

Een missie van God

LEVEN IS GELOVEN | 'Wat is mijn man mooi als hij bidt.' Deze uitspraak verwoordt perfect de symbiose van het koningspaar in het geloof. Boudewijn en Fabiola voelen zich als zendelingen die door God zijn uitgestuurd. Heeft Fabiola de koning nog geloviger gemaakt dan hij al was, of is het andersom? Sommige getuigen menen dat Fabiola de godvruchtigste is van de twee. Anderen zeggen dat het paar op dat punt gelijkwaardig is, maar dat ze elkaar nog hebben versterkt in het geloof.

In 1990 gaat het koningspaar op staatsbezoek naar Hongarije, vlak na de val van het communisme. Ze bezoeken de Hongaarse kardinaal, samen met minister van Buitenlandse Zaken Mark Eyskens en diens vrouw. De koning informeert bij de prelaat hoe het staat met het geloof in zijn land. De kardinaal brengt een somber verslag uit: de seminaries zijn gesloten, er zijn geen roepingen, de kerk heeft geen geld. Hij zegt dat hij er weinig aan

Fabiola in opperste devotie voor de paus tijdens de zaligverklaring van de Oostenrijkse keizer Karl, grootvader van prins Lorenz. Als katholieke koningin mag ze voor de paus in het wit verschijnen.

kan doen. 'Maar Eminentie, dat is onduldbaar, u moet bidden,' roept Boudewijn uit. Waarop hij gaat staan, een groot kruis slaat en begint te bidden. De koningin springt onmiddellijk ook overeind en bidt mee. Mark Eyskens: 'De kardinaal, mijn vrouw en ikzelf zijn dan ook gaan staan. Met zijn allen hebben we een rozenhoedje gebeden. Dát waren Boudewijn en Fabiola.'

Het is dan ook niet te verwonderen dat het koningspaar veel verdriet heeft over de levenswandel van prins Albert en prinses Paola. Albert heeft achttien jaar lang een maîtresse, bij wie hij een buitenechtelijke dochter heeft. Ook Paola laat zich niet onbetuigd. Het verschil met Boudewijn en Fabiola kan niet groter zijn. Maar finaal komen Albert en Paola tot inkeer en onderlinge verzoening, dankzij de geloofsbeleving van hun broer en schoonzus. Waarmee het koningspaar alweer een goddelijke missie heeft volbracht.

ELKE DAG NAAR DE MIS | Vanaf hun huwelijk gaan Boudewijn en Fabiola elke ochtend naar de mis. Of beter: de mis komt naar hen. In het kasteel van Laken woont veel jaren een huisaalmoezenier-biechtvader. De laatste hofaalmoezeniers zijn benedictijn Philippe Verhaeghen en de deken van Laken, Fernand De Wil. Sinds Fabiola na de dood van Boudewijn in Stuyvenberg woont, komt een geestelijke aan huis de mis lezen. Dat is vaak de jezuïetenpater Jan Van der Veken, emeritus filosofieprofessor aan de K.U.Leuven.

Als Boudewijn en Fabiola privé- of staatsbezoeken doen in het buitenland, hebben ze meestal een priester mee om de mis op te dragen, desnoods in een tent in de Sahara. Of ze regelen ter plaatse een religieuze uitzendkracht: *Rent-a-priest* als het ware. Aan medewerkers dringen ze overigens nooit op om mee te gaan naar de mis. Wie wil, mag. Wie niet wil, krijgt nooit een opmerking of stille hint. Een vrijzinnige oud-medewerker zegt: 'Godsdienst was puur privé voor hen. Dat willen veel mensen niet begrijpen, maar ik kan het bevestigen. De koning heeft me één keer een religieuze opmerking gemaakt. Een medewerker had iets mispeuterd en ik zei: "Sire, een fout die wordt toegegeven, is al half vergeven." Waarop hij lachend zei: "Voor ons katholieken geldt: een fout die wordt toegegeven, is volledig vergeven." Dat was werkelijk de enige keer. Fabiola heeft zelfs nooit een religieuze opmerking gemaakt.'

Op een ander punt is het koningspaar wel strikt: koppels die niet kerkelijk gehuwd zijn, kunnen niet op hun sympathie rekenen. Fabiola heeft er in de jaren zestig zelfs een breuk met haar broer Jaime voor over. Belgische ministers en andere genodigden op officiële gelegenheden mogen alleen hun partner meebrengen als ze getrouwd zijn. Dat verandert pas nadat Johan Vande Lanotte er keet over schopt.

Voor het overige respecteert het koningspaar volledig de scheiding tussen kerk en staat in ons land. Want behalve gelovigen zijn ze ook echte democraten, in tegenstelling tot sommige vroegere leden van het koningshuis. Ze beseffen ook wel dat ze de monarchie zouden ondergraven als ze te veel bekeringsijver aan de dag zouden leggen.

EEN VLEUGJE THEOLOGIE | Het is een aloud verhaal dat koningin Fabiola lid is of was van de obscure, hyperkatholieke, ultrarechtse en steenrijke beweging Opus Dei. Deze bijna-sekte is in het geboortejaar van Fabiola opgericht in Spanje door Josemaría Escrivá de Balaguer. Hij wordt in 1992 heilig verklaard door paus Johannes Paulus II. Dat gebeurt op een drafje. De paus neemt de critici in snelheid. Er is inderdaad veel kritiek in buitenkerkelijke én kerkelijke middens. Escrivá zou zijn vroomheid meer in woorden dan in daden hebben beleden, en Opus Dei heeft een kwalijke reputatie.

Zogoed als alle ingewijden ontkennen met klem een band tussen Fabiola en Opus Dei. Eén toppoliticus van christendemocratische signatuur houdt de deur op een kier: 'Ik geloof niet dat Fabiola lid was van Opus Dei, ik denk bijna van niet.' Er is geen enkele bron of aanwijzing die de hypothese objectief bevestigt of bewijst.

Een ander gerucht is dat Boudewijn en Fabiola als gehuwd koppel ooit 'een soort kloostergelofte' hebben afgelegd. Het gerucht circuleert in politieke middens, maar niemand bevestigt het of weet er iets over. Oud-premier Wilfried Martens zegt dat het paar soms naar religieuze bijeenkomsten gaat in Zwitserland. 'De koning vroeg me daar telkens toestemming voor, maar hij heeft nooit gepreciseerd wat het juist was.' Boudewijn en Fabiola gaan ook naar bijeenkomsten in Taizé (Frankrijk), waar een internationale oecumenische gemeenschap huist. Dat doen ook nu nog diverse leden van de koninklijke familie, onder wie Albert en Paola.

De godsvrucht van Boudewijn en Fabiola kent geen grenzen. Hun koninklijke statuut belet hun niet om op de knieën te gaan voor de Allerhoogste. (foto *Quick*)

Er is geen twijfel dat Fabiola en andere leden van de koninklijke familie sinds midden jaren zeventig fervente aanhangers zijn van de Charismatische Vernieuwingsbeweging, in het theologische jargon 'de charismatische' genoemd. Het verhaal is overigens ingewikkelder. Er komen nog andere bewegingen en strekkingen aan te pas, zoals de Focolarebeweging, Marriage Encounter, de Egidiusgemeenschap en het FIAT-apostolaat (Fraternity International Apostolic Team) van kardinaal Suenens en zuster Veronica.

Die bewegingen zijn erkend door de kerk, maar hier en daar zijn er verenigingen van uitgetreden leden, die het woord 'sekte' in de mond nemen. Een belangrijke leidraad voor het koningspaar zijn de geschriften van huisvriend 'pater Jan', de Leuvense filosoof Van der Veken. Die propageert het 'procesdenken', een combinatie van de evolutieleer en het creationisme, dat de mens beschouwt als een 'intelligent design' van God. Procesdenkers aanvaarden de wetenschappelijke evolutieleer, omdat God het zo gewild en bedacht heeft. De kerk is een huis met veel kamers. Sommige kamers bevinden zich in het midden van het huis, andere aan de buitenkant. De charismatische beweging is een tuinhuisje.

DE CHARISMATISCHE | De charismatische beweging is begin jaren zeventig ontstaan onder Amerikaanse protestanten. Omdat ook katholieken in de ban van de beweging geraken, stuurt paus Paulus VI kardinaal Suenens uit op verkenning naar de VS. Suenens, die binnen de kerk bekend staat als progressief, komt wild enthousiast terug. Hij promoot de beweging, maar kapselt die meteen in, samen met de paus. Zo wordt de beweging geen sekte maar een erkende strekking binnen de kerk, ondanks het feit dat ze ongewone trekjes vertoont. De gelovigen kleden zich in het wit voor de

Hoewel de charismatische beweging focust op de Heilige Geest, blijft de Mariaverering van Boudewijn en Fabiola opmerkelijk. Hun geloofsbeleving is een mengeling van kerkelijke en randkerkelijke strekkingen.

diensten, zingen extatisch en gaan plat op de buik om hun geloof te belijden. Ze zingen 'in tongen', de zogenoemde glossolalie. Dat is een eigen taal die wordt ingegeven door de Heilige Geest. De charismatische beweging herwaardeert het belang van de Heilige Geest, die in de loop der jaren in de schaduw is geraakt van God de Vader en zijn zoon Jezus.

Kardinaal Suenens introduceert Boudewijn en Fabiola in de beweging. Een getuige zegt dat het koningspaar op dat moment ontgoocheld is omdat de traditionele kerk te lauw is geworden. Ze zoeken een hevigere vorm van geloofsbeleving.

In het Heilig Jaar 1975 wordt de charismatische beweging officieel erkend door paus Paulus VI in Rome. Tijdens de eucharistieviering in de Sint-Pietersbasiliek strekt koningin Fabiola de armen ten hemel, om de aandacht van de Heilige Geest te vragen. Koning Boudewijn drukt discreet haar armen naar beneden. Hij wil vermijden dat het gebaar publieke aandacht krijgt.

De meeste theologische strekkingen leggen de nadruk op het Rijk Gods, dat er voor iedereen is. Andere strekkingen concentreren zich op de gelovige samenkomst van kleine, gelijkgestemde gemeenschappen. De charismatische beweging is daar een voorbeeld van. Daardoor is ze meer 'on the edge' dan de reguliere kerkgemeenschap.

DE ABORTUSWET | In 1990 zet koning Boudewijn het land op zijn kop. Hij weigert de abortuswet te ondertekenen. De roomsrode regering van Wilfried Martens vertoeft een halve week in crisisconclaaf. Zónder lekken, want dan zijn de politieke zeden nog anders en de mobiele telefoons nog niet in zwang. Na dagen en nachten vergaderen tovert Martens een politiektechnisch hoogstandje uit zijn hoed. Via de soepele interpretatie van een artikel uit de grondwet stelt het parlement vast dat de koning tijdelijk in de onmogelijkheid verkeert om te regeren. De abortuswet zal in voege treden zonder formele bekrachtiging door de koning. De politieke en maatschappelijke heisa is enorm omdat de koning weigert een democratisch gestemde wet te aanvaarden.

Sindsdien is er altijd gegist of de superkatholieke Fabiola de koning heeft beïnvloed in zijn beslissing. Zowat alle getuigen zeggen dat het de diepste overtuiging van Boudewijn was en dat hij Fabiola daarvoor niet nodig had. De regering heeft op hem ingepraat, maar zijn antwoord is dat ze zelfs de paus mogen sturen, dan nog zou hij niet tekenen. Aan Mark Eyskens zegt Fabiola na het overlijden van Boudewijn: 'Hij was niet te vermurwen, er was niets aan te doen.' Die uitspraak kan erop wijzen dat Fabiola het niet eens was met Boudewijn. Die thesis wordt bevestigd door de Franse journalist José-Alain Fralon, jarenlang correspondent voor *Le Monde* in Brussel en gezaghebbend biograaf van koning Boudewijn. De reden zou zijn dat Fabiola beseft dat de monarchie in gevaar is. Mark Eyskens bevestigt dat Fabiola op dat moment vond dat de koning enkele wijzen moest raadplegen, onder wie kardinaal Danneels. Andere bronnen zeggen dat de koning dat effectief gedaan heeft en dat de kardinaal de koning niet steunde in zijn weigering om de wet te tekenen.

GEESTELIJKE ENTOURAGE | Enkele maanden eerder zit toenmalig minister Mark Eyskens met het koningspaar in het regeringsvliegtuig. De koning vraagt hem of de abortuswet zal worden goedgekeurd. Eyskens antwoordt dat de christendemocraten zullen tegenstemmen, maar dat er een parlementaire meerderheid pro is. Waarop de koning zegt: 'Ik kan die wet niet tekenen.' Eyskens argumenteert dat de koning niet moet tekenen als persoon maar vanuit zijn grondwettelijke functie. Maar de koning blijft bij zijn standpunt dat het in strijd is met zijn geweten. Koningin Fabiola is bij het gesprek aanwezig. Mark Eyskens: 'Ze zei niets, maar ik zag wel dat ze met instemming en bewondering keek naar haar man, die zo beginselvast was.'

Dé kroongetuige in deze episode is toenmalig eerste minister Wilfried Martens. Hij zegt: 'Het was de diepe overtuiging van Boudewijn zelf. Maar ik denk wel – en dat is mijn persoonlijke interpretatie en overtuiging – dat de koningin zijn mening volledig deelde.'

Is er in dit drama ook een rol in de coulissen weggelegd voor de geestelijke entourage van het koningspaar? Willy Claes is op dat moment lid van het kernkabinet en zegt dat Franstalige ministers van de christendemocratische obediëntie herhaaldelijk uitvaren tegen de religieuze entourage in Laken. Uit diverse bronnen blijkt alleszins dat er tijdens het koningschap van Boudewijn wel degelijk een religieuze entourage is in Laken. Maar niemand kan of wil er namen op plakken. Wilfried Martens bevestigt dat er bij de toenmalige PSC (later cdH) een vleugel is die er kritiek op heeft dat de religieuze overtuiging van Boudewijn een toenemende rol speelt in zijn functioneren als staatshoofd. Een toppoliticus, die op dat moment géén lid is van de regering: 'Ik ben ervan overtuigd dat de koning bij zijn weigering om de wet te tekenen al dacht aan een latere zalig- of heiligverklaring voor zijn moedige daad.'

Kort na de episode van de abortuswet gaat koning Boudewijn op bezoek bij het opvangcentrum Payoke. Een meisje begint hem meteen te vertellen dat ze jarenlang misbruikt is door een pastoor en een abortus heeft gehad. Patsy Sörensen: 'Hij werd heel emotioneel door dat gesprek.'

HEFTIGE STRIJD OM STIL DOMEIN | Boudewijn en Fabiola brengen het weekend vaak door in hun chalet Fridhem (Vredeshuis) in Opgrimbie, genoemd naar het paleis van Boudewijns grootouders in Zweden. Fabiola, die een grote fan is van het openluchtmuseum in Bokrijk, heeft aan de bezieler, volkskundige Jozef Weyns, de opdracht gegeven om een soortgelijk huis te bouwen op het domein in de Limburgse bossen. Het koningspaar vertoeft er graag. Volgens bezoekers is de chalet heel sober ingericht, maar niet op die manier die men nu 'minimalistisch' zou noemen. Het is geschilderd in felle, volkse kleuren. Boudewijn en Fabiola vinden het een prima plek om tijdens het weekend in alle rust te bidden.

De koning wil deze ideale plaats voor gebed graag delen met de zusters van de Orde van Bethlehem en Maria-ten-Hemel-Opgenomen. Deze jonge orde is in 1950 opgericht en maakt internationaal furore bij vooral jonge religieuzen die in afzondering een leven van intens gebed willen leiden. Sinds hun aankomst in België leven ze in een kasteelklooster in Marche-les-Dames, maar ze zoeken naar een geschikte afgelegen locatie. De toenmalige bisschop Paul Schruers vertelt in een interview met *Gazet van Antwerpen* dat koning Boudewijn hem daarover in 1992 aanspreekt tijdens een wandeling in het koninklijk domein in Opgrimbie. Hij wil 14 van de 25 hectare afstaan aan het bisdom Hasselt, dat als bouwheer zou moeten fungeren voor het klooster. In december 1992 wordt de schenkingsakte getekend. Fabiola is daarbij aanwezig. Boudewijn dringt bij de bisschop verschillende keren aan op spoed. 'Hij wilde het klooster nog tijdens zijn leven zien,' aldus Paul Schruers.

Na de dood van de koning blijkt dat hij in zijn testament aan de overheden vraagt om ervoor te zorgen dat het klooster er kan komen. Misschien heeft hij een vermoeden dat de bouw van het klooster weleens een olifantsdracht zou kunnen worden. In de registers van het kadaster heeft het gebied immers een andere bestemming. In 1994 lokt de bouwvergun-

Het koningspaar brengt veel weekends door in het buitenverblijf in Opgrimbie.
Op vraag van Fabiola is het huis opgetrokken in Bokrijkstijl. Het interieur is landelijk en bepaald sober.

ning hevig protest uit vanuit groene, later ook vrijzinnige en Vlaams-nationalistische hoek. Velen vinden het een kaakslag dat in een tijd waarin zoveel kloosters leeg staan, er een nieuw klooster zal worden gebouwd in een natuurgebied. Er volgt een lange procedureslag, die duurt tot in 2002. Uiteindelijk komt het klooster er toch. In een interview met VTM vertelt toenmalig minister van Ruimtelijke Ordening Theo Kelchtermans dat Fabiola hem enkele maanden na de dood van Boudewijn benaderd heeft in verband met het dossier. Hij ontkent echter dat hij onder druk werd gezet.

Volgens *De Standaard* toont de schimmige manier waarop het klooster werd gebouwd, aan dat blijkbaar niet alle Belgen gelijk zijn voor de (stedenbouwkundige) wet. Senator en koningskenner Pol Van Den Driessche noemt Fabiola's inmenging de enige politieke flater die zij maakt vanuit haar geloof. 'Men heeft dat toegelaten, maar strikt genomen was het een fout.' Professor Mark Van den Wijngaert treedt hem bij: 'Men kan natuurlijk zeggen dat de koning en de koningin-weduwe erop hebben aangedrongen. Maar de betrokken ministers en instanties hebben goedkeuringen verleend die niemand door de vingers kan zien.'

Lange tijd wordt vermoed dat koningin Fabiola in het klooster van Opgrimbie zal treden om haar leven verder in afzondering en gebed door te brengen. Maar volgens vrienden zou zij zich nooit kunnen aanpassen aan het contemplatieve leven in een slotklooster. 'Daarvoor is zij te veel een sociaal dier,' zo luidt het. 'Fabiola bidt graag en veel, maar het liefst met andere mensen samen en op een uitbundige manier.' Volgens een huidige hartsvriendin moet Fabiola nog altijd hard lachen om het gerucht dat ze in het klooster zou gaan.

WAT NA BOUDEWIJN? | Tot 1991 geldt in België nog de Salische wet, die inhoudt dat alleen mannen in aanmerking komen voor de troonopvolging. Koning Boudewijn vindt dat decennialang best goed. Ondanks internationale druk is de Salische wet voor hem onbespreekbaar. Maar in de laatste jaren van zijn leven maakt hij een bocht van 180 graden. Hij dringt zelf aan op een wijziging. Volgens historicus Jean Stengers is dat vooral het werk van Fabiola. De reden is wellicht dat zij en ook Boudewijn het een horror-scenario vinden dat de omstreden prins Laurent de nummer drie is voor de troonopvolging. Op zijn manier doet Laurent denken aan Fabiola's stoute broer Jaime, die het leven ook vooral aangenaam wilde doorbrengen.

Toenmalig premier Wilfried Martens zegt dat de wijziging moet worden bekeken in de tijdsgeest. Het uitsluiten van vrouwen voor de troon wordt gecontesteerd en er is internationale druk. Hij bevestigt wel dat de koning op korte tijd van gedachte verandert. Dat kan erop wijzen dat het wel degelijk om prins Laurent ging. Die is er trouwens zelf van overtuigd dat hij welbewust aan de kant is gezet. Daarover zegt hij in een interview met de RTBF in 1991: 'Je zou eens moeten bekijken hoe hypocriet veel zaken lopen. Er zou meer openheid moeten zijn in het nemen van beslissingen.'

Wat ook de reden is, in 1991 wordt op aandringen van Boudewijn de opvolging gewijzigd door het parlement. Voortaan kunnen ook vrouwen op de troon komen. Concreet gaat het over de door en door brave prinses en moederkloek Astrid. Zij en haar man Lorenz zijn diepgelovig en actieve leden van de charismatische beweging. Bovendien zijn hun kinderen Habsburgers. Ze behoren tot een van de meest prestigieuze adellijke families van Europa. Boudewijn en Fabiola zijn ook dol op Amedeo, de pientere oudste zoon van Astrid.

VIII.

Er is leven na de dood

DE KONING STERFT | Op 31 juli 1993 overlijdt koning Boudewijn in zijn vakantiehuis in Motril, in de buurt van Málaga en Granada. De verrassing in het land is compleet, want de koning is net nog geen 63. Tien dagen eerder woont hij nog in goede gezondheid de plechtigheden van de Nationale Feestdag bij. Tijdens zijn toespraak pleit hij voor verdraagzaamheid tussen de gemeenschappen in het land. Achteraf blijkt dat hij niet meer zo gezond was en al jaren medische problemen had.

In 1980 ondergaat hij een operatie aan een ruggenwervel, maar daarna blijft hij constant met rugpijnen kampen. In diezelfde periode heeft hij ook al hartritmestoornissen, maar dat weet de buitenwereld niet. In 1991 moet hij een prostaattumor laten verwijderen. Het is vooral zijn hart dat hem parten speelt. Hij is snel vermoeid en ondergaat in 1992 een operatie aan een hartklep.

Het ergste is dat de koning nog meer dan vroeger een piekeraar is geworden. Hij voelt zich verantwoordelijk voor de hete hangijzers in het moeilijke land België. Diverse getuigen zeggen dat hij 's nachts letterlijk wakker ligt van de communautaire problemen, de federalisering, de abortuskwestie, de troonopvolging... Het doet denken aan het toneelstuk *Le roi se meurt* van Ionesco, over een koning die denkt dat hij zijn land niet meer in de hand heeft.

Boudewijns plichtsbewustzijn en zijn humanitaire en religieuze engagement nemen bijna dwangmatige vormen aan. Het lukt hem onvoldoende om de wereld te verbeteren en dat frustreert hem. Koningin Fabiola zegt aan vrienden dat ze zich zorgen maakt omdat haar man veel te vroeg opstaat om te bidden en daardoor zijn nachtrust verwaarloost. Aan Wilfried Martens zegt hij, in het koninklijk meervoud: 'Wij staan voortdurend onder druk.' Kort voor zijn dood zegt hij aan Martens, deze keer niet in het koninklijk meervoud: 'Ik ben op.'

Voor de buitenwereld komt de dood van Boudewijn totaal onverwachts. Maar zowel Boudewijn als Fabiola weten heel goed hoe ernstig de toestand is. De koningin heeft daarover nu nog medische documenten in haar bezit. Hoe zieker de koning wordt, hoe meer hij gaat bidden. Toch voelt Fabiola zich nog lang na het overlijden schuldig omdat ze zijn ziekteverschijnselen niet genoeg heeft onderkend tijdens de laatste dagen. Intussen heeft ze dit verwerkt.

HET DRAMA | In de vooravond van zaterdag 31 juli 1993 zit Boudewijn op het terras van de Villa Astrida, het vakantiehuis in Motril, dat naar zijn moeder is genoemd. Fabiola roept hem voor het avondeten, maar hij antwoordt niet. Ze gaat naar buiten en treft haar man levenloos aan. De cardioloog Carlos Aguado is snel ter plaatse. Fabiola zegt hem dat ze verpleegster is en dat ze een hartmassage heeft toegepast. De cardioloog probeert hetzelfde en ook een mond-op-mondbeademing. Maar hij kan niet anders dan een hartstilstand vaststellen. 'Ik wist niet hoe ik het de koningin moest vertellen. We zaten op onze knieën naast het lichaam. Ik heb gefluisterd dat haar echtgenoot geen hartslag meer had.' Samen dragen ze de overleden koning naar zijn slaapkamer. De arts sluit de ogen van Boudewijn. Fabiola kruist zijn handen, vlecht er een paternoster rond en leest een gebed. Dokter Aguado verlaat het huis om 22 uur. Het is het begin van een lange nacht. Intussen is een andere arts opgeroepen om voor Fabiola te zorgen. Er is ook huispersoneel in de buurt. De Spaanse koning Juan Carlos en zijn vrouw Sofia keren onmiddellijk uit vakantie terug om Fabiola bij te staan.

EEN NIEUWE KONING | In België verwittigt de kabinetschef eerste minister Dehaene, die een wedstrijd van Club Brugge bijwoont. Terug in Brussel roept Dehaene meteen het kernkabinet samen voor een nacht van moeilijke beslissingen. Omdat het zaterdagavond en al laat is, hebben ze even voorsprong op de pers. De begrafenis moet worden geregeld. En het allerbelangrijkste is: wie zal Boudewijn opvolgen? Daar is snel een consensus over. De regering oordeelt dat de grondwet moet worden gevolgd en dat prins Albert zijn broer moet opvolgen. Nog dezelfde avond verklaart Albert telefonisch aan de premier dat hij zich bewust is van zijn verantwoordelijkheid. Niemand denkt er op dat moment aan om prins Filip van deze beslissing op de hoogte te stellen. Prins Albert verlaat zijn vakantiehuis in Zuid-Frankrijk en rept zich naar Motril. Prinses Paola kort haar vakantie in Italië in.

Koningin Fabiola doet vanzelfsprekend geen oog dicht. Om halfzeven 's morgens al belt ze naar zuster Leontine. Die kent het slechte nieuws nog niet. De koningin zegt: 'De koning, mijn man en uw vriend, is gestorven.' Als de bevolking het nieuws hoort, komen de eerste rouwenden met bloemen naar het paleis. De opkomst lijkt op het eerste gezicht niet overweldigend, maar dat zal snel veranderen.

Na zijn mededeling aan de bevolking vertrekt premier Dehaene met vicepremier Wathelet naar Motril. Het treft Dehaene hoe sereen de koningin hem ontvangt. 'Ze was zelfs bezorgd voor haar omgeving, voor de an-

Het Belgische koningspaar is innig bevriend met de Spaanse koning Juan Carlos en zijn vrouw Sofia. Het is uitgerekend Juan Carlos die het stoffelijk overschot van Boudewijn naar het vliegtuig moet begeleiden.

dere mensen die getroffen waren door dit overlijden.' Het valt hem ook op dat Fabiola dan al bezig is met de accenten die moeten worden gelegd tijdens de uitvaartdienst. Ze is het trouwens meteen eens dat Albert zijn broer zou opvolgen. 'Dit is de manier waarop Boudewijn het zou hebben gewild,' zegt ze aan Dehaene, waarmee het voor hem duidelijk wordt dat daar een afspraak tussen beide broers over bestond.

In de namiddag van zondag 1 augustus wordt het stoffelijk overschot overgebracht naar het vliegveld van Granada. Voor de lijkkist rijdt koning Juan Carlos met zijn vrouw en koningin Fabiola. Langs de weg staan rijen mensen. Zij applaudisseren voor het konvooi, als teken van rouw volgens een mediterraan gebruik.

Fabiola heeft al ontelbare keren naast haar man gezeten in het regeringsvliegtuig. Maar deze keer zit ze in een militair vliegtuig naast zijn doodskist. Al tijdens de vlucht legt Fabiola aan medewerkers uit hoe ze de begrafenis ziet, ze heeft er meteen uitgesproken ideeën over.

LAATSTE GROET | Rond middernacht landt het vliegtuig op Melsbroek. De koninklijke familie gaat aan boord om het stoffelijk overschot te groeten en Fabiola te steunen. Daarna dragen zes Belgische militairen de kist uit het vliegtuig. Fabiola is niet in het zwart gekleed. Dat is geen toevallige keuze, zal achteraf blijken. Arm in arm met prins Filip en Boudewijns zuster Joséphine-Charlotte stapt ze over het tarmac. De Belgische overheden staan haar op te wachten.

De koning wordt opgebaard in het koninklijk paleis, heel toepasselijk in het Salon van de Denker. De bevolking kan vanaf 4 augustus een laatste groet brengen aan zijn overleden vorst. Voor het paleis staan tienduizenden mensen te wachten. Een jongen van achttien zegt: 'Ik wil hem zien. Later wil ik het voortvertellen.' Een koppel vijftigers heeft 's morgens de eerste trein genomen in een uithoek van het land. Ze willen persoonlijk afscheid nemen van de koning: 'Hij was voor de gewone mens.' De hitte is verzengend. Het Rode Kruis voert flesjes water aan en moet honderden flauwgevallen mensen verzorgen. Tot twintig mensen per dag moeten naar een ziekenhuis worden overgebracht. Ook scoutsgroepen springen bij, want Boudewijn was zelf ooit scout. De scoutsjongeren mogen overnachten in het paleis en krijgen een ontbijt.

Bij aankomst in Melsbroek wordt Fabiola opgevangen door de koninklijke familie. Ze wordt geflankeerd door Boudewijns broer en zus, Albert en Joséphine-Charlotte, en door prins Filip.

WAARDIG BEELD | Het stoffelijk overschot van de koning heeft al in Spanje te lijden gehad van de hitte en dat is nu ook het geval in Brussel. Een kwartier voor de wachtende mensen worden binnengelaten, stellen de koninklijke familie en hofmedewerkers vast dat de koning niet op die manier kan worden getoond. Schoonzus Paola kent dat probleem. Zij zegt dat in Zuid-Italië een gaasdoek over de overledene wordt gedrapeerd. Het bureau van een paleismedewerker is net opnieuw gedecoreerd. In allerijl wordt een nieuw voilegordijn uit het bureau gehaald. Fabiola en Paola leggen het gaas eigenhandig over de open kist.

Alle getuigen spreken nu nog met verwondering of ontroering over de dagen dat de Belgen staan aan te schuiven om koning Boudewijn een laatste eer te bewijzen. Sommigen spreken over massahysterie. De wachttijd loopt op tot tien uren. De eerste dag moet de politie in de vooravond de rij afsluiten omdat niet iedereen nog dezelfde avond binnen zal kunnen. Sommige mensen zijn daarover zo gefrustreerd dat er schermutselingen met de politie ontstaan. In het Warandepark tegenover het paleis brengen tweeduizend mensen de nacht door in de openlucht, om er 's morgens vroeg bij te zijn. Vanaf de tweede dag verloopt alles rustiger. Iedereen blijft geduldig in de file staan. Er staan opvallend veel allochtonen in de rij. Ook zij beschouwen Boudewijn als hun koning. Enkele keren verschijnt Fabiola op het balkon van het paleis om de massa wachtenden te groeten. Ze kruist de armen over de borst, haar klassieke gebaar.

OP HAAR MANIER | Bij de aankomst in Melsbroek op 1 augustus was Fabiola een gebroken vrouw. Volgens haar vriendin Paula D'Hondt, voormalig Koninklijk Commissaris voor het Migrantenbeleid, heeft Fabiola het extra moeilijk omdat ze 'publiek bezit' is en haar rouw niet in intimiteit kan verwerken. 'Ze moet haar verdriet dragen met koninklijke waardigheid, en dat maakt het erg zwaar.' Maar het belet Fabiola niet om in de week voor de begrafenis de touwtjes in handen te nemen. Ze heeft een weldoordacht concept voor de uitvaart in gedachten. Boudewijn heeft trouwens vroeger al gezegd hoe hij zijn begrafenis wil. Fabiola voegt er haar eigen accenten aan toe. Het mag geen sombere of trieste dienst worden, wel een feest van de hoop, een viering van de aankomst van Boudewijn bij God. De mis moet ook eer betuigen aan Boudewijns strijd tegen armoede en onrecht. De paleismedewerkers gieten alles in vorm, onder leiding van de grootmaarschalk, de kabinetschef en Fabiola's secretaris. Ze slapen vier uur per nacht. Ze kunnen niet terugvallen op een draaiboek, want het is van 1934 geleden dat nog een regerend staatshoofd in België is overleden.

Bij een koninklijke begrafenis komt heel wat kijken.

Als een medewerker de lijst met genodigden controleert, ontdekt hij net op tijd dat Zweden geen president maar een koning heeft. Het Japanse keizerspaar zal komen aanvliegen met twee reusachtige jumbo's: één voor henzelf en één voor hun gevolg. Ook voor het gevolg moet logies worden voorzien. Alle buitenlandse genodigden moeten op het vliegveld worden ontvangen door een lid van de regering en het diplomatieke korps.

WITTE WEDUWE | Op 7 augustus om 9.40 uur wordt de kist met het stoffelijk overschot van de koning tussen een erehaag van tweeduizend militairen en tienduizenden burgers naar de kathedraal van Sint-Michiel en Sint-Goedele gereden. Er klinken 21 kanonschoten. De staatshoofden, regeringsleiders en andere genodigden volgen de lijkwagen te voet, onder aanvoering van premier Dehaene. Een koninklijke begrafenisstoet te voet is al bijna een eeuw in onbruik in Europa, maar de uitvaart van Boudewijn zal nog meer ongewone aspecten vertonen. Het hoge gezelschap stapt via het Koningsplein, de Kunstberg en het Centraal Station naar de kathedraal, de plaats waar de koning bijna 33 jaar eerder trouwde.

Tijdens de kerkdienst is koningin Fabiola als enige in het wit gekleed. Ze draagt haar klassieke witte parels. Met haar witte kledij wil ze tonen dat de uitvaart een teken van hoop is. Ook nu weer gedraagt ze zich moedig. Aan de familie en genodigden heeft ze vooraf gevraagd om geen zwart te dragen, en voor de dames ook geen hoeden of rouwsluiers.

Het aantal staatsleiders en gekroonde hoofden is indrukwekkend vermits Boudewijn de langst regerende vorst was. Bevriende staatshoofden zoals de Nederlandse koningin Beatrix met kroonprins Willem-Alexander, en de Japanse keizer Akihito, maar ook formele collega's als de Monegaskische prins Rainier... de lijst is ellenlang. Zelfs de Britse koningin Elizabeth is er met haar man Philip. Het is de eerste keer dat de *queen* de begrafenis van een buitenlands staatshoofd bijwoont. Ze overtreedt wel de dresscode waarom Fabiola heeft verzocht: ze draagt zwarte kledij en een hoed. Bij Beatrix is het net zo. Sommige genodigden maken bij de plaatsaanwijzing amok, zoals een ver familielid van de voormalige Russische tsaren. Zij vindt dat ze niet de plaats krijgt die haar toekomt.

Er zijn niet-Europese koningen of prinsen uit onder meer Marokko en Thailand aanwezig. Vriendin Farah Diba Pahlawi, de echtgenote van de verdreven sjah van Perzië, is er ook. De rij presidenten is even lang. Van Mario Soares en Mary Robinson tot Václav Havel en Lech Walesa. De Rwandese president Juvénal Habyarimana ontbreekt zeker niet. Hij is een omstreden figuur, maar een dichte vriend van Boudewijn, die zijn portret op zijn bureau had staan. En er is niet te vergeten de Franse president François Mitterand. Het Vaticaan is vertegenwoordigd door de topkardinaal Angelo Sodano. De VS sturen ex-president Gerald Ford en ex-vicepresident Walter Mondale, een republikein en een democraat, netjes verdeeld. Voor de Verenigde Naties komt de echtgenote van Boutros Boutros-Ghali. Boris Jeltsin laat verstek gaan. President Slobodan Milosevic is niet uitgenodigd. Net zomin als Mobutu Sese Seko, de zelfverklaarde *président-fondateur* van de voor-

Op de begrafenis van de koning hebben Albert en Fabiola veel steun aan elkaar. Ook nu nog gaat Albert vaak alleen op bezoek bij Fabiola om over Boudewijn te praten.

malige Belgische kolonie Congo. Zijn relatie met Boudewijn was ooit goed, maar is in de loop der jaren verzuurd. De president stuurt wel een rouwkrans.

Een opvallende aanwezige is Fabiola's broer Jaime. Opvallend áfwezig is Boudewijns stiefmoeder Lilian. Tot vlak voor de begrafenis laat ze de koninklijke familie in het ongewisse of ze zal komen. Haar kinderen prins Alexander en prinses Esmeralda zijn er wel. Hun zus prinses Marie-Christine heeft op dat moment al jaren gebroken met haar familie, inclusief haar halfbroer Boudewijn.

INDRUKWEKKENDE GETUIGENISSEN | De begrafenisdienst wordt ingezet met een viertalige verwelkoming. De lezingen worden gehouden door prins Filip en prins Henri van Luxemburg. Kardinaal Godfried Danneels draagt de mis op, leest uit het evangelie en houdt de homilie. Zijn voorganger, kardinaal Suenens, leest het memento voor de overledenen. Aan de kerkdienst wordt een luik met getuigenissen vastgeknoopt. Dat gebeurt op uitdrukkelijk verzoek van Fabiola. Zo wil ze dat Luz, een slachtoffer van de vrouwenhandel, getuigt. Luz durft dat niet zonder dat Patsy Sörensen in de buurt is. Maar die was niet te bereiken; ze is in Marseille op zoek naar een ontvoerde prostituee. Luz begint te spreken, maar barst in snikken uit. Journalist Chris De Stoop, auteur van *Ze zijn zo lief, meneer*, leest het vervolg van haar brief voor. Er is ook een getuigenis over het aidsprobleem. Paula D'Hondt heeft het over de strijd tegen racisme. Het zijn onderwerpen die nooit aan bod komen op een koninklijke begrafenis. Zoiets is niet eerder gebeurd. Koningin Elizabeth gelooft haar ogen en oren niet.

Op voorstel van Louis Tobback zijn de muzikale interventies geprogrammeerd door operadirecteur en musicus Bernard Foccroulle. Die nodigt onder meer de Belgische bariton José Van Dam uit. Leidmotief doorheen de dienst is *Bist du bei mir* van J.S. Bach. Sindsdien is het werk een klassieker tijdens begrafenissen en crematies. Foccroulle geeft ook de populaire muziek zijn terechte plaats, met de Waalse zanger Julos Beaucarne. Will Tura

✝

AANDENKEN

BIJ HET OVERLIJDEN VAN

Zijne Majesteit Koning

BOUDEWIJN I

° KASTEEL STUYVENBERG, 7 SEPTEMBER 1930
† MOTRIL, 31 JULI 1993

Dankbaar om wat hij in zijn
tweeënveertigjarig koningschap
voor ons land betekend heeft,
bewaren we in ons hart
de naam en het beeld van

Zijne Majesteit
Koning Boudewijn I

Koning der Belgen
van 17 juli 1951
tot 31 juli 1993

Geboren op 7 september 1930 als zoon
van Kroonprins Leopold en Prinses Astrid.

Koninklijke Prins opvolger van zijn vader
Koning Leopold III op 11 augustus 1950

Koning der Belgen op 17 juli 1951

Gehuwd met Hare Majesteit Koningin Fabiola
op 15 december 1960

Plots overleden op 31 juli 1993 te Motril in Spanje

Begrafenisplechtigheid en bijzetting in de Koninklijke
crypte te Laken op 7 augustus 1993

'Rechtschapen en integer, met een diep plichtsbesef
en een warme menselijkheid, heeft hij het land en zijn
bevolking gediend.'

(Brief van de Belgische bisschoppen naar aanleiding van het
overlijden van Koning Boudewijn).

zingt *Hoop doet leven* en *Ik mis je zo*. Hij is na de begrafenis zo aangedaan dat hij de tien kilometer naar huis te voet aflegt. 'Ik wilde alleen zijn met mezelf,' zegt hij later in een interview bij de stadsradio FM Brussel.

De Franse president François Mitterand is enorm aangegrepen. Hij is dan al zwaar ziek. Bij thuiskomst laat de socialistische president in zijn laatste wilsbeschikking opnemen dat er na zijn dood een mis moet worden opgedragen zoals die van Boudewijn. Hij overlijdt ruim twee jaar later en inderdaad, de kerkdienst in de Parijse Notre-Dame vertoont opvallende gelijkenissen.

Na de kerkdienst wordt het stoffelijk overschot van Boudewijn bijgezet in de koninklijke crypte van de parochiekerk in Laken. Op zijn tombe legt Fabiola een bloemenruiker met op het lint een opschrift: 'Aan de man van mijn hart.'

THE DAY AFTER | Iedereen die ooit een dierbare verloor, kent dat gevoel. Tot de begrafenis is het razend druk en zijn er veel mensen om je heen. Maar de dag nadien is er de grote leegte en het gemis van de dierbare. Bij Fabiola is het niet anders. In de week voor de begrafenis voorspelt haar omgeving dat ze zal instorten. Dat gebeurt niet. Maar na de begrafenis krijgt ze het wel heel moeilijk. Naast het verlies van haar Boudewijn moet ze ook verwerken dat ze plots geen koningin meer is. Haar job valt weg. Ze trekt zich enkele maanden terug, vooral in Spanje, waar ze bij een zus logeert. Op 17 augustus, een goede week na de begrafenis, wordt ze gezien met een groep neefjes en nichtjes in het bedevaartsoord Santiago de Compostela. Korte tijd later gaat ze naar het vakantiehuis in Motril, waar haar man is overleden. Het is haar manier om dichter bij hem te zijn.

Intussen stromen in Brussel tienduizenden brieven binnen, vaak met een delicaat of emotioneel karakter. De Belgische ambassades in het buitenland ontvangen ook rouwbetuigingen. Dat is vooral zo in Spanje, Frankrijk en Nederland. De Belgische ambassade en consulaten in Nederland worden overstelpt met brieven. Het is opvallend hoeveel Nederlanders hun medeleven betuigen. Veel noorderburen komen in tranen een rouwregister ondertekenen. Het secretariaat van Fabiola werkt dag en nacht om de briefschrijvers een antwoord te sturen. Fabiola zelf verspreidt een openbare dankbrief aan de bevolking. De aanhef luidt: 'Met welke woorden kan ik u zeggen hoe diep ontroerd ik ben geweest door uw vele blijken van warme genegenheid voor koning Boudewijn.' Typisch Fabiola: ze heeft het niet over de blijken van genegenheid die ze zélf ontving. Boudewijn komt altijd op de eerste plaats.

Na enkele maanden neemt Fabiola haar activiteiten weer op, sterk als altijd. Ze heroriënteert die wel, omdat ze de nieuwe koningin Paola niet voor de voeten wil lopen. 'Ze wilde koningin Paola niet belemmeren. Fabiola stelde zichzelf meteen op de tweede plaats,' zegt haar toenmalige persoonlijk secretaris.

DE JACKPOT | Na de dood van koning Boudewijn valt zijn weduwe niet meer onder de civiele lijst 'met alle middelen die de Natie ter beschikking stelt van het Staathoofd om hem of haar in staat te stellen de koninklijke functie in alle morele en materiële onafhankelijkheid uit te oefenen', zoals de website van het paleis het verwoordt. Met andere woorden: ze moet een pensioen krijgen. Op 6 november 1993 wordt een wet goedgekeurd die bepaalt dat Fabiola voortaan een jaarlijkse lijfrentedotatie zal krijgen van 45 miljoen Belgische frank (ruim 1,1 miljoen euro). Het bedrag is gebaseerd op een indexering van de toelage die koningin Elisabeth kreeg na de dood van Albert I. In de nasleep van de tragische dood van Boudewijn is iedereen het erover eens dat de koningin haar levensstijl moet kunnen behouden en 'niet haar meubeltjes bij Ikea moet gaan kopen', zoals voormalig politiek analist en huidig senator Pol Van Den Driessche het plastisch verwoordt. Ook prinses Lilian heeft tot aan haar dood een comfortabele dotatie ontvangen.

Elk jaar wordt het bedrag openbaar gemaakt naar aanleiding van de indexering van de dotaties. Geregeld komt er kritiek, meer bepaald op de dotaties van prinses Astrid en prins Laurent. Die hebben geen officiële functie en bengelen sinds de kinderrijkdom van prins Filip onderaan in de rangorde voor troonopvolging. Maar er is nooit commotie over de hoge toelage aan Fabiola. Zelfs op het paleis is men verwonderd dat de publicatie van de dotatie voor de koningin-weduwe elk jaar geruisloos voorbijgaat. Jarenlang is Fabiola ongenaakbaar. Na het verlies van haar man en haar waardige houding op diens begrafenis is er niemand die zich nog druk maakt over haar. Ze is een deel van het Belgische meubilair geworden. Er is zelfs unisono bewondering te horen over het feit dat ze, ondanks haar zwakker wordende gezondheid, jaarlijks nog een aanzienlijk aantal officiële bezoeken aflegt.

VASTE KOSTEN | 2007 is het annus horribilis van het Belgische koningshuis. Zowat elk lid wordt door al dan niet vermeende *'faux pas'* door de media en de politiek op de korrel genomen. Fabiola is de laatste die eraan moet geloven. Ineens zorgt de publicatie van haar dotatie wel voor een storm in de media. Men ziet dat ze na de indexering 1.472.000 euro per jaar krijgt. Dat is een half miljoen euro meer dan troonopvolger prins Filip, die een kroostrijk gezin moet onderhouden. Kranten berekenen dat de koningin-weduwe sinds de dood van haar man een kleine twintig miljoen euro heeft binnengehaald. Het hof haast zich om te vertellen dat deze toelage enkel de vaste kosten van de koningin-weduwe dekt en zij van dat bedrag zelfs niet meer kan sparen. Het hoeft geen betoog dat deze informatie niet voor zoete koek wordt geslikt.

Volgens de woordvoerder van het paleis gaat ruim 70 procent (1.033.932 euro) van Fabiola's dotatie op aan personeelskosten. Fabiola zou ruim 25 personen in dienst hebben, onder wie een chauffeur, een tuinier, huishoudpersoneel en een aantal mensen op haar secretariaat. Die houden zich bezig met de brieven die Fabiola krijgt. Andere vaste kosten zijn reizen en bezoeken (87.144 euro), onderhoud (83.904 euro), gezondheid (25.171 euro), huishoudelijke uitgaven (59.468 euro), administratie (36.800 euro), auto- en garagekosten (28.851 euro) en 'allerlei' (47.692 euro).

Voor het eerst zijn er stemmen te horen dat er komaf moet worden gemaakt met de hoge dotatie van koningin Fabiola. De krant *La Capitale* bloklettert 'De jackpot van Fabiola' en citeert grondwetspecialist Marc Uyttendaele, die vindt dat het systeem 'schandalig en hallucinant' is. Maar enkele weken later is de storm alweer geluwd. In de politieke wereld is er weinig geestdrift om nu nog de dotatie van de hoogbejaarde koningin in vraag te stellen. Dat zou niet kies zijn, luidt het. De toelagen van Astrid en Laurent zullen vrijwel zeker worden herbekeken, al denken velen dat dit pas zal gebeuren bij de troonswissel.

DE ERFENIS | Los van het feit of ze nu van haar dotatie kan sparen of niet, Fabiola kan niet onbemiddeld worden genoemd. Ze woont zo goed als gratis. Het kasteel van Stuyvenberg is eigendom van de Koninklijke Schenking. Dat betekent dat Fabiola er mag wonen voor een symbolische pacht. De chalet Fridhem in Opgrimbie is persoonlijk bezit, evenals enkele gronden in de buurt. Ook de villa Astrida in Motril is haar eigendom.

Over het kapitaal van koning Albert communiceert het hof vrij open. Dat kapitaal is bescheiden in vergelijking met andere koningshuizen. Maar over het fortuin en de erfenis van Boudewijn is het hof bijzonder zuinig met commentaar. De wildste geruchten circuleren erover. Boudewijn zou – al naargelang van de bronnen – bijna verarmd zijn gestorven, dan wel een fortuin van 24,8 miljoen euro hebben nagelaten, zoals een Frans journalist het zo precies wist te berekenen. Er is ook een hardnekkig gerucht dat Boudewijn zijn fortuin begin 1982, net voor de devaluatie van de Belgische frank, nog naar het buitenland kon versassen.

Twee weken na het huwelijk van Filip en Mathilde verschijnt in het Belgisch Staatsblad dat zij met scheiding van goederen getrouwd zijn. Maar bij het huwelijk van Boudewijn en Fabiola in 1960 wordt dit soort zaken niet publiek bekendgemaakt en later ook niet meer prijsgegeven. Een toppoliticus suggereert dat het fortuin van Boudewijn verhuisd is naar Spanje in de vorm van 'giften'. Een intimus voorspelt: 'De Belgische staat zal weinig successierechten kunnen innen.' Het betekent ook dat koning Albert en zijn kinderen wellicht naast het net zullen vissen na de dood van Fabiola, net als de Luxemburgse schoonfamilie.

KONINGIN ZONDER KONING | Na de dood van koning Boudewijn mag Fabiola haar titel van koningin behouden. Ook Elisabeth, de weduwe van Albert I, mocht tot aan haar dood koningin blijven. In België heeft de koningin enkel nog een erefunctie, daarom moet ze na de dood van haar man niet degraderen. In Nederland bijvoorbeeld daalde koningin Juliana na haar abdicatie wel af tot de trap van 'prinses', omdat er anders verwarring zou zijn met het staatshoofd, koningin Beatrix.

Fabiola houdt dus de titel van koningin, maar kan niet in het kasteel van Laken blijven wonen. Dat gebouw is, zoals ook het paleis in Brussel, staatseigendom en wordt in bruikleen gegeven aan de heersende koning. Na de dood van koning Boudewijn lijkt het daarom logisch dat koningin Fabiola verhuist. Maar omdat de nieuwe koning Albert II en zijn vrouw liever in hun knusse kasteel Belvédère blijven wonen, is er geen haast bij.

Na het overlijden van Boudewijn is de koningin-weduwe niet geneigd om te vertrekken uit het kasteel van Laken, dat ze als een 'schrijn' beschouwt. Er komt enige overredingskracht aan te pas. Pas na vijf jaar verhuist ze naar Stuyvenberg.

Bovendien heeft de koningin-weduwe geen zin om de plaats te verlaten die zoveel herinneringen oproept aan haar overleden echtgenoot.

De geschiedenis herhaalt zich. Net zoals in 1960 zou zelfs de regering tussenbeide hebben moeten komen. Het vergt heel wat overredingskracht om koningin Fabiola haar biezen te laten pakken. Het zou uiteindelijk vijf jaar duren voor ze de moed heeft om te verhuizen naar het kasteel van Stuyvenberg, dat nochtans maar enkele honderden meter verder ligt in het domein van Laken. Volgens een hardnekkig gerucht helpt koningin Paola daarbij een handje. Royaltywatcher Mario Danneels schrijft in *Het trauma van de troon* dat Paola ervoor zorgt dat Fabiola haar inboedel netjes ingepakt vindt als ze terugkomt van vakantie.

Toch is ook Stuyvenberg een plaats met veel symbolische waarde voor de bejaarde koningin. Boudewijn werd er immers geboren. Ook Fabiola's nichtje Astrid woont met haar grote gezin in villa Schonenberg op hetzelfde domein. Haar jongens doen niets liever dan met hun motoren rondscheuren in de onmetelijke tuin, wat voor het nodige leven in de brouwerij zorgt. Fabiola woont nu in het kasteel Stuyvenberg met haar gezelschapsdame, de eveneens bejaarde gravin de Liedekerke. In tegenstelling tot de vertrekken in Laken, waarin ze met Boudewijn woonde, is het kasteel van Stuyvenberg niet zo sober en kaal ingericht. Ingewijden die er op bezoek komen, vertellen dat de koningin letterlijk leeft tussen honderden herinneringen aan haar man. Dit geeft haar interieur, net zoals haar kledingsstijl, een vrolijker maar ook eclectischer karakter. 'Het is een beetje bric-à-brac,' verklapt een vriend van de familie. 'Het past niet altijd samen. Het is veel, maar niet altijd waardevol.'

LEVEN NA EN MET BOUDEWIJN | Het is opmerkelijk hoezeer Boudewijn nog leeft in de ogen van Fabiola. Overal waar ze komt, praat ze over hem. Ze vindt het heerlijk dat mensen haar nog zoveel nieuwe anekdoten over hem vertellen. Zo lijkt het een beetje of ze hem nog altijd leert kennen. Elk jaar is er rond zijn sterfdatum 31 juli een herdenkingsplechtigheid in de parochiekerk van Laken, waar hij is begraven in de koninklijke crypte.

De nagedachtenis van Boudewijn is heilig voor Fabiola. Ze praat nog elke dag met hem.

Op de tiende verjaardag van Boudewijns overlijden verschijnt Fabiola andermaal in het wit, maar met een zwarte mantilla. Ze schrijft een opmerkelijke open brief aan het Belgische volk.

Daar komt ze altijd alleen aan met haar nichtje Margaretha. De andere leden van de koninklijke familie vertrekken na de nationale feestdag steevast meteen met vakantie. Enkel naar aanleiding van het tienjarige overlijden van de vorst is de hele familie verenigd.

Fabiola schrijft in 2003 een opmerkelijke brief aan de bevolking waarin ze vrij openhartig getuigt over het geluk dat zij aan de zijde van Boudewijn heeft gekend. 'De liefde van mijn man was een nooit ophoudende bron van geluk voor allen rondom hem en ook voor hemzelf. Aan die bron heeft hij mij laten drinken en ook nu nog put ik er elk uur van mijn leven uit.' Volgens toenmalig paleiswoordvoerder Michel Malherbe heeft Fabiola de brief zelf geschreven. Ze wilde graag iets persoonlijks doen om de tiende verjaardag van de dood van haar man te herdenken. Het beeld van de lachende koning wordt nadrukkelijk vermeld. Fabiola wil wellicht het beeld van 'ernstige koning' wat bijkleuren. 'Hij kon op elk ogenblik in hartelijk lachen uitbarsten en dat ging spontaan over in een bijna bestendige glimlach waarvan wij nooit genoeg kregen.' Ze geeft ook blijk van enige zelfkennis. 'Ik ben er mij van bewust dat ik misschien te gemakkelijk het woord voer. Daarom bewonderde ik des te meer de edelmoedige en aandachtige luisterbereidheid van mijn man, zowel binnen de eigen familiekring als in de uitoefening van zijn functie.' De brief kan ook worden geïnterpreteerd als een postume liefdesbrief. 'Hem hebben mogen zien en horen, in ziekte en gezondheid, in smart en diepe vreugde, elke dag van de 33 jaar die we samen hebben doorgemaakt, dat heeft me doen groeien.' Naar verluidt schreven Boudewijn en Fabiola elkaar geregeld liefdesgedichten.

TOUCHE PAS À MON POTE | Fabiola is trots op de Koning Boudewijnstichting, die in 1976 is opgericht. De stichting is een toonaangevende denktank en steunt honderden projecten op sociaal, cultureel, economisch, ecologisch en wetenschappelijk gebied. In september 1993, nauwelijks enkele maanden na het overlijden van haar man, aanvaardt de koningin het erevoorzitterschap van de stichting die zijn naam vereeuwigt.

De nagedachtenis van Boudewijn is voor Fabiola onbespreekbaar. Wie een slecht woord durft zeggen, krijgt ervan langs. In 1996, drie jaar na zijn dood, verschijnt een biografie over hem. Daarin schrijft prins Stéphane de Lobkowicz, een ver familielid van de koning, dat Boudewijn in 1962 een abortus zou hebben aangeraden om het leven van Fabiola veilig te stellen. Fabiola zou dat furieus hebben geweigerd en hebben gedreigd om haar huwelijk te ontbinden en in een klooster te treden. Na deze publicatie verspreidt het hof – in feite koningin Fabiola – een ongewoon scherp communiqué. De aantijging wordt 'uitermate lasterlijk' genoemd en er is sprake van 'eerroof'.

Zo zou Fabiola eveneens verantwoordelijk zijn voor het feit dat de kunstenaar Carsten Höller uit een tentoonstelling in het kader van Brussel 2000 wordt geweerd. De Belgische kunstenaar van Duitse oorsprong was gefascineerd door de daad van Boudewijn, om zich naar aanleiding van de abortuswet een dag terug te trekken. Höller wilde met zijn project de Belgen uitdagen om ook eens stil te staan bij de begrippen 'twijfel' en 'subjectiviteit'. Hij schrijft daarover een brief naar Fabiola, om meer te weten te komen over de beweegredenen van haar man bij die 'gevaarlijke' beslissing. Fabiola zou die brief hebben beschouwd als een inbreuk op haar privacy. Daarop wordt het project – toevallig of niet – van de baan geschoven. Zoveel is duidelijk: Fabiola komt op voor haar man. Andersom is het ook altijd zo geweest.

Historici zijn erop gebrand de inhoud te kennen van de honderden kleine schriftjes waarin Boudewijn voortdurend notities nam tijdens zijn audienties. De schriftjes bevatten hoogstwaarschijnlijk een schat aan informatie. Ze zijn in het bezit van Fabiola en er wordt gevreesd dat ze ooit zullen verdwijnen. In 2006 vraagt toenmalig Spirit-voorzitter Geert Lambert aan eerste minister Guy Verhofstadt om daarvoor stappen te ondernemen. Andere politici en ook journalisten en historici vinden dat de verzameling thuishoort in het Rijksarchief. Maar premier Verhofstadt antwoordt dat de koningin-weduwe wettelijk niet verplicht kan worden om de persoonlijke notities van Boudewijn aan het archief over te dragen. Ze wil het zelf niet meer meemaken dat haar man postuum nog het onderwerp van polemiek wordt.

ZALIGE BOUDEWIJN | Kort na de dood van Boudewijn is er even speculatie dat de overleden vorst zalig zou worden verklaard door de paus. Paus Johannes Paulus II zou immers in de wolken zijn geweest toen Boudewijn weigerde om de Belgische abortuswet te ondertekenen. Het hoeft geen betoog dat voor koningin Fabiola een zaligverklaring het summum van erkenning zou zijn. Men vindt al gauw het vereiste mirakel: een vrouw was bijzonder snel genezen van darmkanker na het aanroepen van koning Boudewijn.

De geruchten over een mogelijke zaligverklaring worden nog gevoed tijdens het tweede pausbezoek in juni 1995. Op verzoek van de Heilige Vader wordt er even halt gehouden voor een gebed bij het graf van de koning in de Onze-Lieve-Vrouwekerk in Laken. Ook in zijn toespraak bij de zaligverklaring van pater Damiaan verwijst de paus naar het moedige politieke gebaar van Boudewijn. 's Anderendaags ontkent kardinaal Danneels met klem dat er een dossier zou zijn ingediend ter voorbereiding van een eventuele zaligverklaring. Onlangs bevestigde de verantwoordelijke voor de zalig- en heiligverklaringen, curiekardinaal José Saraiva Martins, in een interview met het christelijke blad *Tertio* dat er geen procedure is opgestart. Maar Fabiola heeft geduld. In haar ogen was Boudewijn niet alleen zalig maar ook heilig.

IX.

Een meisje van tachtig

LACHEBEKJE | 'Hoe meer de tijd vordert, hoe meer hij mij doet leven.' Zo'n zin over de overleden echtgenoot kan alleen maar Fabiola schrijven. In de voorbije vijftien jaar hebben de Belgen haar werkelijk zien open-bloeien. Ze wordt met de dag spraakzamer en vrolijker. De tijd is voorbij dat ze elke hoge gast die in ons land op bezoek komt, meetrekt naar het memoriaal van koning Boudewijn in het Belvuemuseum. Een officieel be-zoek van Fabiola volgen, dat was vroeger een verplicht nummer voor perslui. Nu staan de journalisten te springen om in Fabiola's voetspoor te lopen, want ze verbaast elke keer met een grap of een leuk gebaar. Wie schetst de verbazing van de Limburgse popgroep Mint als ze tijdens een concert in het kasteel van Laken ineens Fabiola zien dansen op de maat

Een dansende Fabiola steelt de show tijdens een optreden van de popgroep Mint.
(beelden uit vtm-programma *Royalty*)

van de muziek? 'We konden onze ogen niet geloven,' zeggen de muzikanten achteraf. Het maakt hen wel in één klap wereldberoemd in België. Op dezelfde bijeenkomst zit koningin Paola op een bankje bleek en sip te kijken met een gebroken pols. Het is Fabiola die de show steelt, en hoe! Tijdens een officieel bezoek vraagt ze aan de cameraman – daarbij recht in de lens kijkend – of zijn camera niet te zwaar weegt. 'U moet wel een sterke man zijn,' complimenteert ze hem. Waarna de stoere bink blozend voortwerkt.

KOM MAAR MEE | Groot is de verbazing van de cameraploeg van *Royalty* tijdens een plechtigheid in de kerk van Laken op Allerzielen. Als de koningin met enkele gelovigen afdaalt in de crypte om er te gaan bidden voor haar overleden echtgenoot, verspert haar adviseur de cameraploeg letterlijk de weg met zijn paraplu. Als de koningin dat ziet gebeuren, komt ze tussenbeide. 'Laat ze maar meekomen,' gebiedt ze haar adviseur. 'Iedereen mag mij zien bidden,' waarna ze op één meter van de camera een origineel gebed aanvangt over de bruid van Jezus.

De koningin gaat heel vaak naar de crypte om te bidden. Soms alleen, soms met familieleden zoals Filip en Mathilde of Astrid en Lorenz. Meestal komt ze met haar nichtje, prinses Margaretha van Luxemburg. Het zoontje van Margaretha werd maar één dag oud en mocht bij hoge uitzondering in de koninklijke crypte begraven worden. 'Fabiola praat nog vaak met haar man,' zeggen ingewijden. 'Maar niet alleen in de crypte, ook thuis praat ze elke dag met hem. Voor haar is hij niet gestorven.'

ONVERMOEIBAAR ONDANKS ONGEMAKKEN | Hoewel Fabiola nog bijzonder alert en jong van geest is, op fysiek vlak heeft ze wel last van ouderdomskwalen. Intimi vertellen dat de bejaarde koningin veel last heeft van artrose. Toch is daar in het openbaar nooit iets van te merken. 'Ik kan het soms niet geloven als ik haar op televisie zo gezwind een trap zie opstappen. Dan had je haar die ochtend moeten zien,' zegt een medewerker. Ze

Alleen haar wandelstok verraadt dat Fabiola al tachtig is.

kan haar pijn blijkbaar goed verbijten. Sinds enkele jaren maakt ze wel gebruik van een wandelstok.

Fabiola leidt nog een vrij actief publiek leven. Nog meer dan vroeger lopen haar bezoeken eindeloos uit. Als het officiële gedeelte voorbij is en haar begeleiders op hun horloge kijken, neemt de koningin een stoel en praat ze nog urenlang met iedereen die naar haar wil luisteren. Op een gala-avond van de Koning Boudewijnstichting is gepland dat ze maar anderhalf uur blijft, wat begrijpelijk is voor een dame van haar leeftijd. Ze neemt afscheid van de organisatoren. Maar een van hen vertelt hoe hij haar twee uur later terugziet op een stoel dichtbij de uitgang, honderduit pratend met haar bewonderaars. En die zijn er bij bosjes, want de koningin is nog heel populair en heeft altijd veel te vertellen. En het is verbazend hoeveel ze weet over de meest uiteenlopende onderwerpen. Met familieleden van Guido Gezelle spreekt ze over een gedicht waaraan de priester-dichter 27 jaar schreef. 'Wist u dat?' vraagt ze aan de familieleden. Die staan perplex. Zelfs over voetbal kan ze naar verluidt meepraten.

Als vrouw van de regerende koning moest ze zich altijd inhouden. Nu het juk van het protocol verdwenen is, komt het vrolijke, impulsieve meisje Fabiola weer boven.

ROCKEN MET JEZUS | Op het internationale congres Brussel Allerheiligen 2006 zit Fabiola elke dag op de eerste rij. Ze volgt onvermoeibaar de theologische en filosofische lezingen, en houdt achteraf nog lange gesprekken met de sprekers. Zo heeft ze een lang gesprek met Andrea Riccardi, de oprichter van de Egidiusgemeenschap. De gebedsweek sluit af met een religieus rockfestival op het Paleizenplein. Tussen de duizenden jongeren is er een vrouw die niet meer zo jong is in jaren maar vooral nog jong van geest: koningin Fabiola, samen met prinses Margaretha. Internationaal gerenommeerde groepen uit de christelijke pop- en rockwereld, de zogeheten 'relirock', geven het beste van zichzelf. De headliners zijn Spear Hit, het Brusselse CX Flood en de Frans-Amerikaanse groep Exo. Fabiola is naar verluidt vooral fan van de Franse religieuze rockgroep Glorious. Op de

eerste tonen van haar favoriete band begeeft Fabiola zich onder de duizenden swingende jongeren om beter te kunnen genieten van de muziek.

HET NADEEL VAN OUD WORDEN | Oud worden is een zegen, maar het
betekent ook dat je veel mensen om je heen verliest. Koningin Fabiola heeft
al veel verdriet moeten verwerken. Haar oudste zus Neva overlijdt in 1985.
Tien jaar later sterft haar broer Jaime. Ze is op zijn uitvaart aanwezig. Jaime

Daags voor de gemeenteraadsverkiezingen in 2006 overlijdt Fabiola's oudste broer
Gonzalo. In plaats van onmiddellijk naar Spanje te vertrekken vervult ze eerst haar burgerplicht.

wilde niet bijgelegd worden in het familiegraf in Madrid, maar wordt gecremeerd in Marbella, volgens zijn laatste wens met zijn bril op. Het scenario voor zijn afscheid heeft hij vooraf in detail uitgeschreven. In Marbella is zijn nagedachtenis nog altijd een gespreksonderwerp. In 2004 sterft broer Alejandro in het bijzijn van zijn familie, onder wie Fabiola. Zus Annie overlijdt in februari 2006. Oudste broer Gonzalo sterft onverwachts, daags voor de Belgische gemeenteraadsverkiezingen van oktober 2006. In plaats van halsoverkop het vliegtuig naar Madrid te nemen wil de koningin eerst haar burgerplicht vervullen. Ze verontschuldigt zich uitgebreid als ze de rij wachtenden voor het stembureau moet voorbijsteken. 'Mijn broer is gestorven en ik moet het vliegtuig halen.' Van haar drie broers en drie zussen is enkel nog de jongste, Maria-Luz, in leven.

Fabiola ging tot enkele jaren geleden nog vaak naar Madrid. Daar gaat ze steevast bidden bij het mausoleum van de familie, waar haar ouders en twee broers begraven liggen. Als ze in de buurt is, laat ze haar chauffeur stoppen in de Calle Zurbano, waar ze haar jeugd heeft doorgebracht. In het minipaleis is nu de Spaanse Regie der Gebouwen gehuisvest. Omdat Fabiola's bezoeken steevast onaangekondigd gebeuren, zorgt dat altijd voor enige beroering bij de beambten. Maar ze kennen haar intussen goed en laten haar een rondleiding geven voor familieleden of gewoon voor haar lijfwacht als ze alleen is gekomen. Het hele huis is aangepast aan zijn nieuwe functie, maar in de kamer van Fabiola zijn de muurschilderingen intact gebleven. Fabiola heeft er als kind nog zelf aan mee geschilderd en ze is daar nog altijd bijzonder trots op.

De uitstappen naar Spanje worden nu zeldzamer. Het vakantiehuis in Motril staat er verlaten bij. Ook in Opgrimbie komt ze nog zelden. Haar broze gezondheid maakt het haar moeilijk om nog vaak te reizen.

PUZZELSTUKJES VOOR HAAR BIO | Op dat ene interview met Lutgart Simoens na – dat overigens geen echt interview was – staat koningin Fabiola journalisten niet te woord. Het is wel opvallend dat ze de voorbije jaren af en toe opmerkelijke uitspraken doet in het bijzijn van de tv-came-

Een zeldzaam beeld: de twee koninginnen gearmd tijdens de nationale feestdag van 2007.

Fabiola en Laurent hebben naar verluidt een relatie met horten en stoten. Maar de koningin-weduwe voelt het als haar plicht om de schakel te zijn in de moeilijk functionerende koninklijke familie.

ra's van *Royalty*. Het lijkt alsof ze wil dat de Belgen meer over haar te weten komen. Haar zijdelingse en 'toevallige' uitlatingen zijn verwerkt in dit boek.

De meest opgemerkte uitspraak doet ze recent, in april 2008 tijdens het staatsbezoek van de Hongaarse president. Ze is 's avonds van de partij op een galadiner. Met haar tafelgenote spreekt ze over prinses Mathilde die net probleemloos is bevallen van haar vierde kindje. Fabiola vergewist zich er eerst van dat de tv-camera op haar gericht is, en zegt daarna – in het Engels en duidelijk verstaanbaar – tegen haar tafelgenote: 'Weet u dat ik vijf kinderen heb verloren? Uit die ervaringen leer je iets. Maar, weet u, het leven is mooi.' Op die manier levert ze andermaal een puzzelstukje af voor haar biografie.

ALLES KOMT GOED | Ingewijden vertellen dat Fabiola de voorbij jaren opmerkelijk vergevingsgezind is geworden. Nadat ze jarenlang in onmin heeft geleefd met 'Argenteuil', wil ze de plooien nu weer gladstrijken. Voor een verzoening met Lilian is het te laat, dat zou ook een brug te ver zijn geweest. Bij Lilians dood in juni 2002 gaat Fabiola wel een laatste groet brengen en is ze aanwezig op de begrafenis. Lilian zelf was nochtans niet aanwezig op de begrafenis van Boudewijn. Met Lilians zoon, prins Alexander, heeft ze de laatste jaren weer contact. Alexander en zijn echtgenote prinses Lea worden geregeld weer uitgenodigd op de koffie in het kasteel van Stuyvenberg.

Ook met schoonzus Paola is de relatie weer warmer. Royaltywatchers kunnen hun ogen amper geloven als ze na het Te Deum op de Nationale Feestdag van 2007 de huidige koningin en de koningin-weduwe arm in arm de trappen van de kathedraal zien afdalen. Maar volgens een hooggeplaatste hofmedewerker mag men hieruit niet afleiden dat de beide koninginnen plots boezemvriendinnen geworden zijn. Hun relatie blijft zeer moeilijk, vooral van de kant van koningin Paola. Daarvoor zijn er in het verleden te veel dingen gebeurd. Met Albert daarentegen blijft de band zeer sterk. De koning gaat geregeld alleen op bezoek in Stuyvenberg om er samen met Fabiola over Boudewijn te praten.

Midden 2007 melden enkele kranten dat Fabiola ervoor gezorgd heeft dat Laurent weer welkom is op het paleis. Na verscheidene schandalen – waaronder het marineproces, waarbij de rol van de prins nog altijd niet duidelijk is – hadden ze op het paleis even hun buik vol van de dwarsligger uit Tervuren. Zijn familie deed zelfs geen enkele moeite meer om voor het oog van de camera's de schijn op te houden. Als Laurent tijdens een concert in het Paleis voor Schone Kunsten een kwartier te laat komt, is er niemand van de koninklijke familie die hem een blik gunt. Zelfs de anders zo discrete hofdignitarissen verklaren in bedekte termen dat er met Laurent geen land meer te bezeilen is.

De relatie tussen Fabiola en Laurent blijft bijzonder complex. Laurent noemde haar weleens 'la sorcière espagnole' en beschouwt haar nog altijd als de oorzaak van zijn degradatie in de rangorde voor de troonsopvolging, hoewel daar politieke en maatschappelijke redenen voor waren. Fabiola keurt de levenswandel van haar neef niet goed, maar zegt recent toch aan een hartsvriendin: 'Pas op, je mag Laurent niet onderschatten, hij heeft ook zijn goede kanten.' Dezelfde vriendin zegt dat Laurent soms nog op bezoek komt bij zijn tante.

Voor Laurents vrouw Claire heeft de koningin-weduwe veel bewondering. Prinses Claire heeft het niet gemakkelijk met een echtgenoot als Laurent, die haar zelfs af en toe agressief zou behandelen. Hun huwelijk stond in de lente van 2005 op springen, toen Claire ontdekte dat ze zwanger was van de tweeling. Sindsdien doet zij er echter alles aan om het gezin samen te houden, tot grote opluchting van de koninklijke familie. Sinds 2007 zijn het moeilijke tijden voor de monarchie. Een echtscheiding kunnen ze missen als kiespijn. Het is dan ook een teken aan de wand dat Filip en Mathilde hun schoonzus Claire kiezen als meter voor hun vierde kindje, Eléonore.

De tweede naam van het jongste prinsesje is Fabiola. Het hoeft geen betoog dat de koningin verrukt is met dit bijzondere eerbetoon van Filip en Mathilde. Nu ze wegens haar zwakke gezondheid niet meer zo vaak naar Spanje kan reizen, is het kroostrijke gezin van Filip in haar nabijheid een warme troost. Fabiola is er zich goed van bewust hoeveel steun Filip ondervindt van Mathilde, die ze een godsgeschenk noemt voor haar neef.

EEN MOOI VOORUITZICHT | De verzoenende en lossere levenshouding op het einde van haar leven is niet verwonderlijk voor de diepgelovige Fabiola. Volgens ingewijden wil ze met een rein geweten afscheid nemen van het leven. Bovendien wil ze dat iedereen die in haar leven een rol heeft gespeeld – en die zelf nog in leven is – aanwezig zal zijn op haar begrafenis.

Maar het allerbelangrijkste is de zekerheid dat ze ooit weer met haar geliefde Boudewijn verenigd zal zijn. Als een vriendin haar vraagt of ze haar man mist, zegt ze na lang nadenken: 'Ik denk dat hij mij nu nog liever zou zien dan toen.'

In de koninklijke crypte in Laken laat ze een romaans Mariabeeld plaatsen. Het beeld is nog een huwelijksgeschenk van de Leuvense universiteit. 'Het stond vroeger in onze woonkamer,' zegt ze aan de andere gelovigen in de parochiekerk van Laken. 'Ik heb ervoor gezorgd dat het nu hier staat. Want zoiets moet je zelf doen, als het nog kan!' Waarna ze het uitschatert op een paar meter van het graf van haar man. Voor de dood is Fabiola niet bang. Integendeel. De dood geeft haar hoop om te leven.